I0122447

(La suite est épuisée et introuvable n°. 13749)

SECOND FASCICULE

L'ART DE LA GUERRE

A

L'EXPOSITION

D'ÉLECTRICITÉ

DE PARIS EN 1881

Par Victor FLAMACHE

CAPITAINE-COMMANDANT D'ARTILLERIE BELGE
ADJOINT D'ÉTAT-MAJOR

Transmission de la force motrice
Block-Cibles, Chronographes, Télémètres, etc.

BRUXELLES
IMPRIMERIE A. LEFÈVRE
9, rue Saint-Pierre, 9

1883

TOUS DROITS RÉSERVÉS
La traduction sera autorisée gratuitement sur simple demande.

L'ART DE LA GUERRE

À L'EXPOSITION D'ÉLECTRICITÉ DE PARIS EN 1881.

INTRODUCTION.

Avant de commencer la deuxième partie de l'étude que nous avons entreprise, qu'il nous soit permis d'exprimer combien nous sommes heureux de voir que, jusqu'ici, le but vers lequel tendent nos efforts a été atteint. Vulgariser des connais-. sances, complément indispensable, aujourd'hui, de toute instruction militaire, était certes une tâche au-dessus de nos forces; et si elle a été accomplie dans une certaine mesure, c'est grâce aux travaux parus dans les journaux de science qui ont été la source à laquelle nous avons largement puisé; les inventeurs ou possesseurs d'appareils nouveaux, parmi lesquels nous citerons : le Ministère de la marine française, MM. Le Goarant de Tromelin, Siemens et Halske, Jaspar, etc., en nous donnant l'autorisation et les moyens de publier la description de ces appareils, ont aussi collaboré indirectement à notre travail. Au nom de ceux qui étudient, nous les en remercions.

Bien que plus d'une année se soit écoulée depuis que l'Exposition d'électricité de Paris ait fermé ses portes, bien que Londres et Munich en aient repris pour l'Angleterre et l'Allemagne ce qui avait une réelle importance, c'est sans contredit dans l'Exposition de 1881 qu'il faut puiser les enseignements. Car c'est évidemment le matériel exposé au Palais de l'Industrie que l'on retrouve dans les diverses Expositions partielles. Vouloir que l'électricité produisit chaque année des découvertes nouvelles serait impossible : la science doit parfois se recueillir, et si au point de vue commercial, les Expositions multipliées portent quelque fruit, leur influence sur le progrès est toute secondaire et leur mention n'a que faire dans notre travail.

Rechercher dans les inventions récentes quelles sont celles dont l'application immédiate ou prochaine s'impose à l'art de la guerre et décrire l'exposition des diverses armées, telle a été la route que nous avons parcourue, telle est celle qu'il nous reste à parcourir encore. L'étude de la transmission de l'énergie mécanique, c'est-à-dire de la force motrice, de son avenir, ainsi que l'examen des applications de l'électricité autres que la lumière et la télégraphie, font l'objet de cette seconde partie. Puisse-t-elle rencontrer le même accueil que la première.

TRANSMISSION DE L'ÉNERGIE

La transmission de la force motrice à distance a fait depuis peu d'années d'immenses progrès. MM. Marcel Deprez, Levy, Du Moncel en France, Frölich en Allemagne, sir William Thomson en Angleterre, ont, pour ainsi dire créé de toutes pièces une science nouvelle sans laquelle, contrairement à ce que l'on voit généralement, la pratique n'eût pu sortir de l'ornière où la maintenait l'absence de connaissances théoriques.

Aussi l'Exposition d'électricité de Paris fut-elle une véritable révélation : la plupart des spécialistes y assistaient pour la première fois à la production du phénomène dans des conditions pratiques ; les résultats mis en évidence ne permettaient plus de douter de l'application de la solution cherchée depuis si longtemps des moteurs électriques avec ses conséquences de l'utilisation des forces naturelles. Le champ des applications se trouvait infiniment agrandi et de cas particuliers on était lancé dans le domaine de l'industrie. Avec le concours de savants autorisés qui mettaient les chutes d'eau, les vents et les marées en équation, on en arriva à considérer le courant électrique comme l'agent *unique* appelé à distribuer dans un avenir prochain, la lumière, la force et même la chaleur.

Bien que l'estime que nous professons pour de semblables travaux soit très grande, il nous semble que l'électricité est encore dans une période difficile où il est nécessaire de la traiter avec certains ménagements.

Aussi nous écarterons ces hypothèses de notre exposé ultérieur, n'essayant d'indiquer que les faits acquis, et évitant ainsi des discussions tout au moins superflues.

Ceci établi, faisons remarquer que toutes les difficultés rencontrées par l'électricité viennent de la gêne que l'on éprouve à disposer aux endroits de production un moteur, ses accessoires et les machines génératrices nécessaires. Si une usine fonctionnant au loin préparait le fluide et le répandait dans les divers circuits pour l'envoyer en consommation, nul doute que des milliers d'applications ne se présentassent dans les diverses branches de l'activité humaine.

Une question se pose tout d'abord : Comment transporte-t-on l'Energie ? Si l'on fait fonctionner une source de courant électrique pile ou machine, et si l'on envoie le courant produit dans un moteur électrique, celui-ci se met à tourner, nous verrons plus loin par suite de quels phénomènes, et ce mouvement pourra être utilisé à produire un travail qui sera ainsi un transport, soit du travail dépensé pour faire tourner la machine génératrice, soit de celui produit par les réactions chimiques ayant donné naissance au courant.

Nous diviserons la question du transport et de la distribution de l'Energie en trois parties :

1º des moteurs électriques comprenant : a Moteurs anciens,
                                       b Moteurs actuels ;

2º Théorie élémentaire de la transmission, de la distribution et du rendement ;

3º Applications.

DES MOTEURS ÉLECTRIQUES

Dès l'apparition de l'électro-aimant on avait cru voir en lui l'organe nécessaire à la réalisation des moteurs électriques, mais les inventeurs avaient successivement vu leurs recherches aboutir à des résultats nuls ou insignifiants. En 1855, on proclama hautement que les électro-moteurs ne seraient jamais que des curiosités de laboratoire.; en 1881, on les réhabilita et sur eux se fondent aujourd'hui les espérances les plus enthousiastes et, disons-le de suite, les plus légitimes.

Cette période d'abandon explique le petit nombre d'ouvrages qui traitent des moteurs électriques. D'autre part, ce peu de variété nous a facilité la tâche, car nous n'avons eu, pour exposer *l'historique et les principes des moteurs électriques*, presqu'aucun travail de sélection à effectuer. Les articles publiés dans le *Génie civil* par *M. L. Boulart* exposent avec une telle clarté cette partie de la question, que nous ne faisons que les reproduire en les résumant et en y ajoutant nos idées personnelles.

a) Moteurs anciens. Les causes d'insuccès des machines anciennes sont de deux natures : 1° production de l'électricité au moyen de piles, avec les défauts connus et inévitables de prix. de décroissance rapide du courant, de manipulations encombrantes, malsaines etc.; 2° cette électricité si coûteuse y était imparfaitement employée. Le premier système fut basé sur l'attraction et la répulsion qui s'exercent entre deux pôles d'électro-aimants suivant qu'ils sont de noms contraires ou de mêmes noms (fig 1). Deux séries d'électro-aimants étaient placées : l'une sur un plateau fixe, l'autre sur un plateau mobile autour d'un axe de rotation. Si les électro-aimants du plateau mobile sont de signe contraire aux autres, ils viennent se placer en face d'eux. Si en ce moment on renverse la polarité de manière qu'elle soit de même signe dans les deux séries, les pôles mobiles sont repoussés jusqu'au milieu de la distance séparant deux pôles fixes consécutifs. Ils changent encore une fois de signe et sont de nouveau attirés. Pour que les impulsions se succèdent régulièrement, il suffit, chaque fois que les électro-aimants sont arrivés à l'une de ces positions relatives, d'intervertir leurs polarités, en renversant, au moyen d'un commutateur distributeur, la direction du courant qui parcourt les hélices magnétisantes. C'est d'après ce système que M. Jacobi avait construit en 1839 un moteur pour une barque qui naviguа sur la Néva. Soixante-quatre éléments Grove de 285 cent. carrés donnèrent seulement une vitesse de 3600 mètres à l'heure, correspondant à un travail d'environ 50 kilogrammètres.

Dans le deuxième système, on avait utilisé l'attraction énergique que les électro-aimants exercent sur des armatures de fer doux. Celles-ci étaient fixées autour de disques en bronze et formaient un tambour tournant devant les pôles de deux ou plusieurs électro-aimants fixes. Il ne fallait donc plus produire des changements de polarité, mais une aimantation toujours de même signe interrompue chaque fois que les armatures se trouvaient en face des pôles et rétablie un peu après leur passage. Il n'y avait plus de *répulsions*, mais des *impulsions* successives produites par les *attractions*; l'effet était somme toute plus puissant, car le magnétisme était mieux utilisé, le commutateur était également plus simple. De 1844 à 1848, MM. Froment, Cazal, Camacho, Cance réalisèrent plusieurs types, auxquels on appliqua des électro-aimants à noyaux multiples composés soit d'une série de tubes en fer enveloppés chacun d'une hélice magnétisante et introduits les uns dans les autres, soit de tiges en fer rangées circulairement (fig. 2).

En 1855 apparaît l'électro-moteur Roux (fig. 3), dans lequel les plaques de fer oscillent devant des électro aimants verticaux, et transmettent le mouvement à l'arbre moteur par des bielles. Il en résulte que la distance verticale d'éloignement et de rapprochement est transformée en une course horizontale beaucoup plus longue et l'effet d'attraction est transmis aux manivelles d'une façon plus efficace. L'électro-aimant employé, auquel on donna la qualification de *trifurqué*, était formé d'une branche centrale autour de laquelle est enroulé le fil, et de deux branches latérales réunies en forme d'enveloppe autour de la 1re (fig. 4).

Dans les appareils précédents, on devait laisser un espace entre les pièces en mouvement ; or, c'est dans le dernier millimètre de la course que les 5/6 du travail sont produits. Il était naturel de réaliser des combinaisons qui permettent aux armatures d'arriver au contact des pôles. Divers types existaient déjà en 1855. Le moteur Larmenjat fut reconnu supérieur à plusieurs autres exposés par MM. Wheatstone, etc. L'arbre de la machine Larmenjat est mis en mouvement par trois électro-aimants circulaires, grâce aux attractions successives s'exerçant entre leurs disques polaires et les armatures formées par des tiges de fer rond CC (fig 5), munies aux extrémités de tourillons engagés dans les flasques du bâti. Chaque électro-aimant est composé d'un noyau tubulaire dont les pôles sont formés par trois disques, deux AA aux extrémités, un troisième B d'épaisseur double au milieu. Les hélices sont enroulées entre les disques divisés chacun en 4 secteurs DD séparés par des pièces de cuivre et les electro-aimants sont échelonnés sur l'arbre de façon que les secteurs forment une hélice allongée ; un commutateur et trois anneaux de frottement établissent le courant. Lorsque la première ligne de secteurs en fer du premier électro-aimant est arrivée près des armatures, le courant est lancé dans ses hélices et sous l'influence de l'aimantation les secteurs sont attirés. Leur déplacement, qui détermine la rotation de l'arbre moteur, n'éprouve aucune résistance, car les armatures tournent en même temps, quelle que soit l'attraction exercée sur elles. Lorsque les axes des secteurs sont arrivés à coïncider avec ceux des armatures, le commutateur supprime le courant du 1er électro-aimant pour l'envoyer dans le second, dont les secteurs se trouvent précisément à la distance convenable des armatures. L'action se continue par le troisième et recommence par le premier ; ce mode d'attraction, plus énergique cependant que l'action à distance, utilise une adhérence magnétique évaluée seulement à 17 p. c. de la force portante.

Afin d'avoir une course plus longue que dans les moteurs précédents, on eut recours à l'action de *succion* qu'exerce une hélice parcourue par un courant sur un barreau de fer doux que l'on présente à son ouverture. M. Page fractionna même sa bobine ou solénoïde en trois, ne faisant agir chaque fraction que quand le barreau, par suite de son enfoncement, n'était plus suffisamment sous l'influence de la précédente. En 1851, M. du Moncel avait rendu les hélices oscillantes de manière à faire actionner directement la manivelle par le barreau. Enfin, on avait essayé d'employer pour la construction des électro-moteurs de puissants cadres galvaniques dans lesquels l'aiguille était remplacée par un aimant ou un électro-aimant. Ce système avait l'avantage de n'exiger le changement de sens du courant dans les cadres qu'à chaque demi-tour de l'électro-aimant, qui pouvait par suite être maintenu à saturation et l'on n'avait pas à se préoccuper de l'influence du magnétisme rémanent. Ces moteurs ne produisirent pas les résultats espérés, leur rendement fut excessivement faible et on les abandonna.

Telles étaient, il y a vingt ans, les machines destinées à utiliser l'électricité comme force motrice

Leurs défauts étaient nombreux : 1º les attractions devant s'exercer à petite distance, il fallait multiplier les électro-aimants pour obtenir la continuité et la régularité du mouvement; or, à chaque passage, l'aimantation devait être supprimée et le résultat de cette suppression était une perte d'effet utile à cause du magnétisme rémanent ;

2º Chaque interruption de courant produit un extra courant et, par conséquent, une étincelle au point de rupture, c'est-à-dire au commutateur. Les étincelles en oxydant les commutateurs en rendaient le fonctionnement très irrégulier;

3º La dépense d'électricité est beaucoup augmentée par la nécessité de renouveler à chaque instant l'aimantation, et le courant est imparfaitement utilisé parce que les pièces marchent trop vite pour s'aimanter complétement. On est conduit à augmenter les dimensions des électro-aimants et on arrive à des efforts considérables qui entraînent la flexion ou le déplacement des organes.

Tous ces inconvénients sont proportionnels aux causes qui les font naître ; avec des courants peu intenses et des machines de petites dimensions, ils sont assez faibles pour leur permettre de fonctionner avec une apparence de succès ; mais avec des moteurs sérieux leur importance s'accroît tellement que le travail obtenu ne dépassa jamais quatre kilogrammètres, et que le prix s'éleva à 8 fr. 36 par heure et par cheval-vapeur.

Nous n'avons pas encore signalé l'inconvénient le plus sérieux, c'est-à-dire l'influence des courants d'induction dans les pièces et dans les fils, dont le résultat est de s'opposer au mouvement et de dégager de la chaleur.

Ces phénomènes d'induction avaient une conséquence dont la portée était considérable : c'était la reversibilité dont l'emploi eût conduit un demi-siècle plus tôt à résoudre la question principale, aujourd'hui un fait accompli ; nous avons nommé la production industrielle de l'électricité.

Deux inventeurs étaient arrivés bien près de la solution ; dès 1842, M Elias, savant physicien hollandais, réalisa un moteur composé de deux anneaux concentriques : l'extérieur fixe, l'intérieur mobile autour de son axe ; chaque anneau était formé de six électro-aimants à hélices distinctes dont le noyau circulaire unique présentait six pôles conséquents.

Ce moteur fonctionnait grâce aux inversions de courant qui se produisaient dans l'anneau intérieur mobile chaque fois que ses pôles se trouvaient en face de ceux de l'anneau extérieur ; les actions exercées sur les hélices de l'anneau mobile par celle de l'anneau fixe étaient en outre utilisées. Assez semblable à la machine Gramme, comme forme, elle en différait essentiellement : 1° par l'enroulement des fils alternativement renversé; 2° par le mode de liaison des hélices au commutateur; 3° par la division de l'anneau en plusieurs électro-aimants distincts. La reversibilité avait échappé du reste à M. Elias et la nécessité de redresser les courants l'eut empêché d'obtenir des résultats satisfaisants.

Le moteur électrique de M. Pacinotti (1860) présente au contraire une analogie frappante avec la machine Gramme.

Nous avons décrit ce moteur dans le 1er fascicule et nous n'y reviendrons pas ; d'ailleurs, les inventions que nous venons de passer en revue n'ont plus qu'un intérêt historique, car les machines magnéto et dynamo-électriques, grâce à la reversibilité, réalisent mieux qu'aucune d'elles, la double transformation qui est la base du problème du transport et de la distribution de la force motrice.

b) Moteurs actuels. Il existe pour toutes les actions calorifiques, chimiques ou mécaniques produites par l'électricité dynamique, une loi de réciprocité remarquable en vertu de laquelle les mêmes actions peuvent à leur tour faire naître des courants électriques. La réciprocité de l'action calorifique est représentée par la pile thermo-électrique et par le phénomène de Peltier dans lequel on constate un changement de température par un courant passant d'un métal dans un autre. C'est également un phénomène d'inversion qui se produit dans les piles secondaires, mais l'application la plus importante de cette loi est celle de la réciprocité des actions mécaniques, qui permet de transformer en moteurs les machines employées pour la production des courants.

Ces machines sont en effet reversibles, c'est-à-dire que le même appareil peut être employé tour à tour à l'une ou l'autre des deux transformations, de l'électricité en travail mécanique ou du travail mécanique en électricité.

La reversibilité des machines magnéto ou dynamo-électriques est une conséquence naturelle de la réciprocité qui existe entre les lois de l'électro-dynamique ou *lois d'Ampère* et celles de l'induction ou *lois de Faraday*. Les premières établissent que « toutes les fois que deux courants électriques sont en présence, ils exercent l'un sur l'autre une action attractive lorsqu'ils sont dirigés dans le même sens, répulsive, s'ils sont dirigés en sens contraire. » En conséquence, lorsque l'un des conducteurs parcourus par les courants est mobile, il se rapproche ou s'éloigne de l'autre et c'est l'influence réciproque des courants qui fait naître le mouvement.

Les lois de Faraday établissent la réciprocité du phénomène précédent, c'est-à-dire que « si deux conducteurs traversés par des courants électriques sont en présence et si l'un d'eux est mis en mouvement mécaniquement, l'influence simultanée des courants et du mouvement fera naître dans les conducteurs des courants induits dont la direction et l'intensité dépendront du sens du mouvement, de l'intensité des courants préexistants et de leur direction rotative. »

Les lois d'Ampère et de Faraday sont reliées par une loi commune, appelée *loi de Lenz*, formulée comme suit : « Un conducteur qui se déplace dans le voisinage d'un courant est parcouru lui-même par un courant d'induction tel, que l'action des deux courants l'un sur l'autre imprimerait à ce conducteur un mouvement contraire à celui qu'il reçoit. » Nous avons considéré dans ce qui précède, le conducteur mobile à l'état neutre, mais ces phénomènes se produisent de même lorsque les conducteurs sont tous deux traversés par des courants ; ici encore le mouvement imprimé mécaniquement à l'un d'eux, y fait naître des courants d'induction dirigés suivant la loi de Lenz et qui peuvent, selon le sens de cette direction, augmenter ou diminuer l'intensité des courants déjà existants.

La loi d'Ampère établie pour des courants parallèles reste debout lorsque les conducteurs font un angle entre eux ; d'une façon générale, on dit alors que l'attraction a lieu lorsque les courants se rapprochent ou s'éloignent tous deux du sommet de l'angle et la répulsion lorsque l'un des courants s'approche du sommet tandis que l'autre, s'en éloigne.

Ce dernier cas peut se produire avec un seul et même courant dont le conducteur est replié de façon que dans l'une des branches le courant s'approche du sommet de l'angle, et que dans l'autre il s'en éloigne. On conçoit facilement que si le conducteur mobile est assujetti à se déplacer autour d'un point fixe, les déplacements successifs que lui feront subir la loi des courants parallèles et des courants angulaires seront ramenés à un mouvement circulaire, et si le conducteur fixe est replié en forme de cadre rectangulaire dont le point d'attache du conducteur mobile serait le centre de figure, les actions concordantes de chacune des branches du cadre produiront un mouvement de rotation continu ; il en sera de même si le cadre forme un cercle concentrique au point fixe du conducteur mobile, que celui-ci soit dans le plan du cadre directeur ou qu'il lui soit perpendiculaire. Cette concordance des actions successives qui, permet d'obtenir la continuité du mouvement *sans changer le sens du courant directeur*, n'a lieu que si l'axe de rotation du conducteur mobile est perpendiculaire au conducteur fixe. En effet, lorsque les deux axes sont dans le même plan, l'action attractive des courants de même sens empêche le conducteur mobile de continuer le mouvement après l'avoir amené dans le plan du courant directeur. Il faut changer l'attraction en répulsion et on y arrive en renversant le sens de l'un des courants au moyen d'un commutateur. Nous ne chercherons pas à expliquer les actions réciproques exercées par les conducteurs parcourus par des courants électriques ; la plupart des ouvrages renferment des théories hypothétiques dont nous avons dit quelques mots à propos de la lumière. Quoi qu'il en soit, le passage d'un courant crée autour du conducteur qu'il traverse un champ d'action dont l'étendue et la puissance dépendent de l'intensité de ce courant. On le nomme *champ galvanique* pour le distinguer au point de vue de son origine du *champ électrique* qui existe autour des corps chargés d'électricité statique et du *champ magnétique* qui existe autour des aimants ou électro-aimants en activité. On emploie, pour étudier les propriétés d'un champ magnétique ou galvanique, les figures nommées *fantômes magnétiques* et qui sont formées par de la limaille de fer impalpable projetée sur une plaque de verre par exemple, limaille soumise à l'influence des aimants ou des courants. Des figures diverses et obéissant à des lois invariables se forment par les attractions et les répulsions des molécules de limaille entre elles ; c'est aux lignes de ces figures que Faraday a donné le nom de *lignes de force.*

Les principes qui découlent de ces expériences peuvent se résumer comme suit : « le sens et la polarité des lignes de force dépendent de la direction du courant ou de la nature du pôle d'aimant dont elles émanent. L'intensité d'un champ galvanique ou magnétique diminue proportionnellement au carré de la distance du point d'origine.

Le travail développé par un conducteur qui se déplace dans un champ magnétique est égal au produit de l'intensité du courant par le nombre de lignes de force qu'il coupe dans son mouvement, et aucun effet d'induction ou de mouvement n'a lieu dans un conducteur qui se déplace dans la direction des lignes de force sans en couper aucune. Lorsqu'un conducteur se déplace dans un champ magnétique, chacune des lignes de force qu'il coupe y engendre un courant d'induction et la quantité d'électricité mise en mouvement par une même ligne est constante, quelles que soient la vitesse du déplacement et l'obliquité de sa section ; mais elle est directement proportionnelle à la masse du conducteur et inversement à sa résistance.

Lorsqu'un courant électrique parcourt un conducteur placé dans un champ magnétique, la force résultant des actions réciproques entre les deux champs agit sur ce conducteur pour le déplacer dans une direction normale à la fois aux lignes de force et au conducteur.

Il est extrêmement important d'observer que ces deux effets sont inséparables et simultanés, de sorte que dans le premier cas le courant d'induction produit dans le conducteur fait naître immédiatement une force qui s'oppose au mouvement et que celui-ci ne peut être entretenu qu'en augmentant la dépense de travail. C'est ce que nous avons constaté dans les machines productrices de courants. Dans le second cas le mouvement du conducteur entraîne la production instantanée d'un courant d'induction dirigé en sens contraire du courant intérieur préexistant. Ce qui se produit n'est ni l'affaiblissement de celui-ci, ni l'augmentation de résistance du conducteur mais plutôt la création d'une force qui s'oppose au mouvement lequel n'a plus lieu qu'en vertu d'une action différentielle.

C'est, au point de vue du rendement, l'inconvénient que nous trouverons dans les machines employées comme moteurs électriques.

La présence d'un corps dans un champ magnétique modifie sensiblement les directions des lignes de force. S'il est magnétique, il leur offre un passage de moindre résistance et par suite elles se concentrent de façon que le plus grand nombre possible de ces lignes puissent en profiter. Si ce corps magnétique est libre de se mouvoir, il est non-seulement orienté de telle sorte que sa plus grande dimension coïncide avec leur direction générale, mais il est attiré dans la région la plus intense du champ sous l'influence des lignes de force qui cherchent à le traverser.

C'est ce qui explique qu'un morceau de fer doux vient s'appliquer sur les pôles d'un aimant. Si le corps au contraire est dia-magnétique, la résistance qu'il oppose aux lignes de force les oblige à diverger ; il est repoussé et orienté de façon à ne présenter sur leur passage que sa plus petite dimension. »

L'étude des propriétés des courants et particulièrement des courants circulaires a conduit Ampère à construire les solénoïdes. Les traités de physique donnent tous les renseignements désirables tant sur les solénoïdes que sur les appareils de Barlow et de Faraday, qui servirent à mettre en évidence les actions mutuelles du magnétisme et de l'électricité, ainsi que les phénomènes d'induction. Depuis cette époque, il faut citer les appareils de démonstration de MM. Roux, Ducretet et surtout Bréguet. Ce dernier a imaginé, pour rendre tangible la théorie des machines dynamo-électriques types Gramme et Siemens, une série d'appareils de rotation qui conduisent systématiquement de l'action élémentaire jusqu'à la composition actuelle de l'anneau induit Gramme et du tambour Heffner von Alteneck. A ceux de nos lecteurs qui veulent approfondir cette question, nous recommandons encore les travaux de M. Boulart dans le *Génie civil*.

Les machines reversibles dont l'élément induit est formé, soit par le tambour von Alteneck, soit par l'anneau Gramme, soit par le disque aplati qui dérive de ce dernier, sont celles dans lesquelles on utilise surtout l'influence directe des inducteurs sur le fil induit. Mais il en existe d'autres, antérieures même à celles-ci, dans lesquelles les inducteurs agissent pour ainsi dire d'une façon indirecte sur les fils ; ce sont alors les réactions magnétiques des noyaux de fer des bobines induites qui jouent le rôle principal, soit dans la production des courants, soit dans celle du mouvement lorsqu'on utilise la reversibilité de ces appareils. Dans ce cas, la rotation des organes mobiles a lieu par suite des attractions et des répulsions des pôles de ces noyaux sur ceux des inducteurs, et pour que cette rotation soit continue, il faut, lorsque les pôles sont arrivés en face les uns des autres, intervertir le magnétisme de l'un des deux organes. Il en résulte que le plan de commutation se confond avec le plan qui passe par les pôles inducteurs au lieu de lui être perpendiculaire comme dans les systèmes précédents. C'est encore le plus souvent l'induit qui tourne dans le champ magnétique et les changements de polarité sont produits à l'aide d'un commutateur ou d'un collecteur tournant avec lui.

Le type de ce mode d'induction est la bobine Siemens employée dans quelques petits moteurs électriques comme ceux de MM. Marcel Deprez, Gaiffe, Trouvé, etc. Cet organe présente plusieurs inconvénients, tels que l'échauffement dû aux changements de polarité du noyau de fer et celui que développent les courants d'induction dont il est le siège ; cette chaleur est nuisible à l'isolement des fils et représente une perte de travail. Les courants d'induction produits par le fait des inversions du courant, qui se font d'un seul coup pour la masse entière du noyau, forment une cause spéciale et permanente d'affaiblissement ; enfin les réactions entre l'inducteur et l'induit n'ont pas lieu avec la continuité qui est si favorable au fonctionnement de l'anneau. Elles sont même nulles au moment de chaque inversion et la bobine se trouve dans la même situation qu'une manivelle arrivée à son point mort. Les deux sources de transformation, le champ magnétique de l'inducteur et le courant, sont donc incomplétement utilisées. On s'explique par conséquent que le rendement des moteurs à bobines ne soit que les 0,36 de celui des moteurs à anneaux.

C'est en définitive, et quelles que soient les dispositions adoptées pour combattre les inconvénients signalés, la forme annulaire qui est la plus favorable pour l'induit, grâce à la continuité des actions produites et à la concentration du champ magnétique; mais comme l'induction directe sur les fils est la plus énergique, il n'y aurait aucun avantage à renforcer l'influence des changements de polarité, puisque les courants produits par chacune de ces deux actions ne concordent pas, comme le prouve la position différente de leurs plans de commutation.

C'est pour n'avoir pas utilisé rationnellement l'action de l'inducteur sur l'induit que M. Pacinotti n'obtint qu'un résultat médiocre avec son moteur. Il attribuait la production du mouvement aux réactions magnétiques de l'inducteur sur le noyau et les dents de l'induit, tout en ayant constaté que pour la production des courants, les contacts de ses frotteurs devaient être placés dans un plan tout différent de celui par lequel il introduisait le courant directeur dans les hélices de son anneau.

Aujourd'hui, les dents ou saillies de l'anneau Pacinotti et du disque Brush ont seulement pour effet d'augmenter la concentration du champ magnétique, aussi le plan de commutation reste-t-il le même que celui des appareils Gramme et von Alteneck. C'est ce qui permet d'épanouir si largement les pôles inducteurs, ce qui serait nuisible avec l'autre mode d'induction où les changements de polarité doivent être rapides et par suite les surfaces opposées l'une à l'autre des inducteurs et des induits aussi réduites que possible.

Sous le rapport des inducteurs, les moteurs peuvent, comme les générateurs, être établis avec des aimants permanents ou des électro-aimants. La fixité du champ magnétique et la simplicité du mode de construction engagent à accorder la préférence aux aimants permanents pour les petits moteurs. On donne à ces aimants une assez grande puissance, ce qui permet de réduire le poids de l'induit mobile et aussi l'intensité du courant directeur, afin de rendre minimum les inconvénients dus aux inversions de courant et aux changements de polarité. Pour des forces un peu considérables, on doit prendre pour inducteurs des électro-aimants, bien que ceux-ci exigent une quantité très appréciable d'électricité pour développer et entretenir leur aimantation, quantité d'électricité qui doit être transportée.

Mais la facilité que l'on trouve à faire varier la puissance du champ magnétique fournit un moyen de réglage des plus précieux. Quant à la résistance du fil des inducteurs, on peut la considérer comme compensée par la diminution de longueur du fil induit, bien plus long dans les moteurs magnéto-électriques par suite de la faiblesse du champ.

Nous voyons, en résumé, que la reversibilité présente ce grand avantage de permettre d'exploiter à volonté l'un des deux effets qui se produisent dans un champ magnétique, mais que ces deux effets opposés sont inséparables et ne diffèrent que dans l'ordre de leur manifestation. Ainsi s'expliquent la différence des résultats obtenus avec le même appareil, selon son mode d'emploi, en même temps que l'influence qu'une machine transformée en moteur exerce dans le circuit qui l'alimente.

Nous terminerons la question des moteurs en disant que toutes les machines magnéto et dynamo-électriques décrites dans le 1er fascicule de cet ouvrage, ou dans d'autres publications, comme générateurs de courants continus, sont reversibles et utilisables comme moteurs, mais peu font l'objet d'applications sérieuses. M. Marcel Deprez a imaginé un moteur dans lequel la bobine Siemens est placée longitudinalement entre les branches d'un aimant permanent en fer à cheval. Le champ magnétique qui existe entre ces branches s'est trouvé ainsi mieux utilisé que par l'ancienne disposition dans laquelle la bobine n'était soumise qu'à l'action des extrémités polaires de l'aimant et l'on obtient avec un moteur pesant 2 k, 850 un travail utile de 1,8 kilogrammètre avec 8 éléments Bunsen.

Pour remédier à l'inconvénient déjà signalé du point mort, M. Deprez avait fractionné la bobine en deux moitiés placées à angles droits sur un même arbre et tournant dans un champ magnétique commun ; mais le rendement a été trouvé trop faible. M. Trouvé a détruit la symétrie des surfaces, et par suite le point mort, en donnant un peu d'excentricité aux surfaces polaires de la bobine ou à la surface intérieure des pôles inducteurs. De cette façon, la bobine accomplit un léger mouvement suffisant pour amener le frotteur sur la lame suivante du commutateur ; le passage du courant est alors rétabli, le magnétisme du noyau reparaît, mais renversé, et la répulsion qui se produit continue le mouvement.

Les petits moteurs de MM. Trouvé, Cloris Baudet, Griscom, sont réservés aux forces minimes et sont toutes des applications ingénieuses de la bobine Siemens, dans lesquelles les inventeurs ont cherché à obtenir une utilisation du courant produit par des piles ordinaires ou des piles secondaires. Les bobines Siemens permettant des vitesses de rotation considérables, on a pu réduire le volume et le poids des appareils ; enfin, la construction est facile et le prix relativement moins élevé que celui des machines à anneaux.

Mais dès que l'on a besoin d'un ou de plusieurs chevaux, on doit recourir à ces dernières, car leur rendement est supérieur dans la proportion moyenne de 3 à 1 ; aussi les applications les plus importantes de force motrice ont été réalisées jusqu'ici avec les machines Gramme et Von Alteneck (Siemens) transformées en moteur. Ce sont les mêmes types, et il n'y a de changé que la grosseur des fils et la position des frotteurs sur le collecteur. Ce déplacement des frotteurs de leur position théorique, qui devrait être dans le plan de commutation, a lieu pour les moteurs en sens inverse de la rotation et par conséquent du côté opposé à celui qui convient pour les générateurs. Cela résulte de ce que les réactions entre le champ galvanique et l'induit ont lieu en avant du plan de commutation, par suite de l'existence permanente du champ galvanique, tandis que dans les générateurs il faut un certain temps pour que les effets d'induction atteignent leur maximum.

Naturellement, la quantité dont les frotteurs doivent être déplacés varie avec la vitesse de l'anneau et avec l'intensité du courant qui le traverse. C'est même le principal obstacle à l'emploi des changements de vitesse pour le règlement du travail des machines.

Les machines qui ont jusqu'ici développé le plus grand travail sont les machines octogonales de Gramme. Les inducteurs sont doubles et l'anneau est influencé simultanément par quatre pôles alternativement de nom contraire. Il se trouve ainsi partagé en deux moitiés qui travaillent chacune comme un anneau complet des types ordinaires et qui peuvent être accouplés suivant les exigences du courant employé. Quatre frotteurs appuyant sur le même collecteur servent à établir les deux entrées et les deux sorties de ce courant. La multiplication des champs magnétiques a permis d'augmenter le diamètre de l'anneau et d'obtenir plus de puissance sans exagérer la vitesse de rotation. Les appareils Gramme atteignent de 12 à 16 chevaux.

M. de Méritens a utilisé l'anneau Pacinotti ; à 3,000 tours, la machine dont l'anneau a 25 centimètres de diamètre, et dont le poids total est de 27 kilogs, absorbe un cheval-vapeur et restitue 27 kilogrammètres.

Quant au prix des moteurs électriques, il est encore assez élevé à cause des soins que nécessite leur construction ; mais dès que leur emploi se généralisera, il sera possible de le diminuer et l'un des plus grands obstacles à la mise en œuvre du nouvel agent de travail, de l'électricité utilisée comme force motrice, aura cessé d'exister.

THÉORIE ÉLÉMENTAIRE DE LA TRANSMISSION DE L'ÉNERGIE, DU RENDEMENT ET DE LA DISTRIBUTION

Ce que nous disions tantôt pour les moteurs électriques, n'est plus exact lorsqu'il s'agit de théorie pure. Il existe de nombreux travaux épars dans diverses publications périodiques. Nous avons cherché à en dégager une théorie élémentaire qui suffira, c'est du moins notre espoir, à expliquer mathématiquement les phénomènes complexes dont sont le théâtre les moteurs et les générateurs électriques.

Le travail engendré par un courant, qu'il s'agisse d'énergie chimique, d'énergie calorique ou de travail mécanique, s'exprime par la formule générale $Q = E I$, dans laquelle Q représente le travail du courant, E la force électro-motrice et I l'intensité du courant. Si e est la différence entre les potentiels de deux points du circuit, la quantité d'énergie que l'on pourra récupérer entre ces deux points sera $e I$. On peut d'autre part toujours remplacer une résistance active par une résistance inerte : en effet, si E est la force électro-motrice positive, e la force électro-motrice négative et R la résistance, on pose $\dfrac{E-e}{R} = \dfrac{E}{R+x}$ d'où $x = \dfrac{e\,R}{E-e}$; en supprimant donc e et introduisant simultanément x, l'état du circuit ne sera pas changé.

TRANSPORT DU TRAVAIL MÉCANIQUE.

Appliquons ces considérations au cas où, sur un circuit électrique, il ne se développe que l'énergie calorique et l'énergie mécanique. Soit E la force électro-motrice du générateur supposée constante (afin d'éviter l'emploi du calcul intégral) nous pouvons écrire : $EI = RI^2 + T$; dans laquelle EI représenté le travail total engendré, RI^2 la quantité de chaleur produite et T le travail moteur que l'on veut utiliser. L'intensité I est une variable qui dépend de la valeur de T. Si $T = o$, c'est-à-dire si le courant produit seulement de la chaleur, on retrouve $EI = RI^2$ ou $E = RI$ expression connue de la loi de Ohm. L'équation ci-dessus $RI^2 - EI + T = o$ donne $I = \dfrac{E \pm \sqrt{E^2 - 4\,RT}}{2\,R}$

Examinons ce que devient la valeur I pour les diverses valeurs de T ; considérons seulement le cas où le radical est affecté du signe $+$, cela n'altère en rien la généralité des conclusions, de plus il sera aisé de constater que le signe $-$ fournira des valeurs différentes de I, satisfaisant du reste aux lois que nous allons rechercher.

Faisons $T = o$ on trouve $I_0 = \dfrac{2\,E}{2\,R} = \dfrac{E}{R}$. C'est l'intensité qui se développe dans un circuit ordinaire sans appareil producteur de travail mécanique suivant la loi de Ohm ; c'est l'intensité maximum que l'on puisse obtenir dans le circuit donné. Si T croît, I diminue, mais le maximum de T est obtenu pour $E^2 - 4\,RT = o$ d'où $T = \dfrac{E^2}{4\,R}$

La valeur de I sera $I_1 = \dfrac{E}{2\,R} = \dfrac{I_0}{2}$. Entre ces deux valeurs, l'intensité I peut être considérée comme l'intensité maximum I_0 diminuée d'une certaine quantité i ; on écrit donc $I = I_0 - i$. Si l'on représente la quantité variable i par l'expression $\dfrac{x}{R}$.

on a en remplaçant I_0 par sa valeur, $I = \dfrac{E}{R} - \dfrac{x}{R} = \dfrac{E-x}{R}$. La quantité x se présente comme une diminution de la force électro-motrice de la source électrique et *se comporte comme une force électro-motrice négative*. En acceptant cette interprétation et désignant par e la force électro-motrice négative (notation usitée) on trouve $I = \dfrac{E-e}{R}$. Pour avoir la valeur de e on pose $\dfrac{E-e}{R} = \dfrac{E \pm \sqrt{E^2 - 4\,RT}}{2\,R}$ donc

$$e = \frac{E \pm \sqrt{E^2 - 4\,RT}}{2}$$ valeur qui se discuterait comme celle de I.

L'expérience a depuis longtemps reconnu que la présence d'un moteur dans un circuit équivaut à celle d'une force électro-motrice antagoniste ou négative. On voit que les principes mathématiques conduisent à la même constatation, ce qui montre par conséquent que ce fait n'est point particulier aux organes employés, qu'il est lié à la nature même des choses, et que le transport de l'énergie mécanique ou de la force motrice, n'étant somme toute qu'un cas particulier du transport de l'énergie en général, doit obéir aux mêmes lois.

Au lieu d'énoncer dès maintenant les lois du transport de l'énergie mécanique, nous les déduirons comme conclusions de la formule générale $EI = RI^2 + T$. En effet, nous en tirons $T = EI - RI^2$; or EI étant, comme on sait, le travail total engendré, le rapport $\dfrac{T}{EI}$ sera le rendement économique K. On a $K = \dfrac{T}{EI} = \dfrac{EI - RI^2}{EI} = 1 - \dfrac{RI}{E}$ ce qui peut s'écrire $K = 1 - \dfrac{I}{\dfrac{E}{R}}$; or $\dfrac{E}{R}$ c'est I_0 donc

$$K = 1 - \frac{I}{I_0}$$

Nous savons que $I = \dfrac{E-e}{R}$ ce qui en remplaçant donne $K = 1 - \dfrac{\dfrac{E-e}{R}}{\dfrac{E}{R}} = \dfrac{e}{E}$

cela montre que le rendement économique est le rapport de la force électro-motrice négative e développée dans l'accomplissement du travail utile, à la force électromotrice E indispensable pour produire le travail total dépensé.

Nous pouvons actuellement calculer non-seulement le rendement économique, c'est-à-dire le rapport des travaux produits mais encore leur valeur absolue. On a en effet :

Travail total $T = EI = \dfrac{E\,(E-e)}{R}$;

Travail moteur $T_m = KEI = eI = \dfrac{e\,(E-e)}{R}$;

Quantité de chaleur sensible, travail calorique $C = RI^2 = \dfrac{(E-e)^2}{R}$.

Ces divers travaux sont développés dans l'unité de temps, et leur expression, pour exprimer des kilogrammètres, doit être divisée par $g = 9,81$ (accélération de la pesanteur).

On peut encore exprimer T_m T et C en fonction de K ; on a $T = (1 - K)\dfrac{E^2}{R}$:

$T_m = K\,(1 - K)\dfrac{E^2}{R}$; $C = (1 - K)^2\dfrac{E^2}{R}$.

Nous arrivons à la partie la plus surprenante et, disons-le, la plus difficilement admise de la théorie du transport de l'énergie : nous voulons parler de la constance du rendement, le travail dépensé et le travail récupéré restant en même temps constants *quelle que soit la résistance R et par suite la distance à laquelle s'opère le transport.* Pour réaliser ces conditions, il suffit que dans les formules ci-dessus $\dfrac{E^2}{R}$ reste constant, c'est-a-dire que E varie comme la racine carrée de R ; il va sans dire que K étant égal à $\dfrac{c}{E}$, e doit varier de la même façon.

Ce fait du rendement indépendant de la distance a été considéré au moins comme singulier dès que M. Marcel Deprez l'eut découvert et signalé. Voici comment l'explique ce savant : « Il semble au premier abord que la production de chaleur sur le trajet doive augmenter avec la distance et par conséquent former une cause de perte croissante avec elle. Cette illusion tient à ce que l'on considère la perte par mètre comme constante, ne s'apercevant pas qu'elle dépend de l'intensité du courant, qui est elle-même fonction de la distance. La théorie fait voir clairement comment les choses se passent et montrent que les travaux restant constants, la perte totale en chaleur reste également constante, la perte par unité de longueur diminuant avec l'intensité ».

C'est ce que prouvent les formules précédentes, sur lesquelles nous ne reviendrons pas.

M. Cabanellas, dans un mémoire lu au Congrès des électriciens, a combattu avec apparence de raison, le principe nouveau de M. Marcel Deprez. Il est évident que pratiquement il y a des limites à l'application de cette loi, et comme les écarts entre la théorie et les résultats industriels seront toujours notablement supérieurs aux écarts entre les résultats prévus par les diverses théories émises, nous nous contenterons de signaler ces divergences d'opinion qui ne doivent point passer inaperçues.

En résumé, on peut formuler comme suit, avec M. Marcel Deprez, les lois du transport de l'énergie mécanique, lois que nous avons, d'ailleurs, démontrées à priori :

1° Le travail mécanique positif, représentant le travail total dépensé, est exprimé par EI ; pour une intensité donnée, il est donc proportionnel à E;

2° Le travail mécanique négatif représentant le travail récupéré est exprimé par eI ; pour une intensité donnée, il est donc proportionnel a e;

3° Le rendement économique est représenté par le rapport de la force électro-motrice négative à la force électro-motrice positive.

4° Le travail mécanique utile et le rendement économique restent constants, quelle que soit la distance du transport, pourvu que les forces électro-motrices positive et négative varient proportionnellement à la racine carrée de la résistance du circuit.

APPLICATION DE LA THÉORIE A LA MARCHE DES MOTEURS

Supposons deux machines reliées par un circuit, l'une fonctionnant comme générateur, l'autre comme moteur ou récepteur. Admettons, pour simplifier, l'identité de ces deux machines. La première est mise en mouvement par un générateur de force quelconque ; la seconde est en relation avec une machine-outil ou un frein qui lui impose un effort mécanique déterminé et un travail constant par tour. Si le circuit de la première machine n'est point fermé, il se développe une force électromotrice, mais elle ne fait point naître de courant et le travail dépensé pour entretenir le mouvement ne sert qu'à vaincre les résistances passives.

On ferme le circuit, il se développe un courant. Si ce courant traverse la machine servant de récepteur, celle-ci, avons-nous vu, se met à tourner et dès cet instant naît dans le circuit une résistance dont la nature n'est pas clairement déterminée, mais que nous admettons pouvoir être assimilée, *pour faciliter la compréhension des phénomènes*, a une force électro-motrice négative produisant un courant en sens opposé de celui du générateur. Si les deux forces électro-motrices sont d'égale valeur, il ne se produit aucun courant ; d'autre part, la deuxième ne peut être plus grande que la première. Si le frein ou l'outil n'exige aucun travail, la vitesse du moteur augmente jusqu'au moment où sa force électro-motrice atteint la même valeur que celle du générateur. Au contraire, si l'outil demande du travail, l'effort exercé sur l'arbre moteur ralentit la vitesse de l'anneau, la force électro-motrice négative diminue, le courant développé par le générateur renaît et atteint l'intensité suffisante pour que les réactions dans le champ magnétique du moteur répondent au travail à fournir. Un moteur qui exercera un effort déterminé T sur l'obstacle qui l'empêche de tourner, lorsqu'un courant d'intensité I le traversera, ne pourra produire le travail T que s'il reçoit une intensité identique I. En effet, s'il en reçoit une plus grande, le travail moteur sera supérieur au travail résistant, la machine ira en s'accélérant et l'accroissement de vitesse cessera lorsque la force contre-électro-motrice aura détruit l'excès d'intensité, et ramené le courant à l'intensité I. Cela revient à dire que ce sont les variations mêmes du travail utile qui règlent la vitesse du moteur et l'intensité du courant.

Pour savoir dans quel cas le maximum du travail utile a lieu, il suffit de reprendre la formule donnant la valeur de e Le travail T maximum est $T = \dfrac{E^2}{4\,R}$ mais e devient égal à $\dfrac{E}{2}$ ce qui montre d'abord que la force électro-motrice du générateur est réduite de moitié par celle du moteur. Mais quand $T = \dfrac{E^2}{4\,R}$ nous avons vu que I devient égal à $\dfrac{E}{2\,R}$ ou moitié de l'intensité maxima.

Le travail dépensé dans ces conditions est $EI = E\,\dfrac{E}{2\,R} = \dfrac{E^2}{2\,R}$, c'est-à-dire la moitié du travail dont est susceptible le générateur.

Le travail recueilli est $eI = \dfrac{E}{2} \times \dfrac{E}{2\,R} = \dfrac{E^2}{4\,R}$, donc moitié du travail dépensé, donc le quart de la capacité du générateur.

Cette recherche suffit pour donner un exemple des renseignements que la pratique à pu puiser dans la théorie : elle montre, en effet, qu'on ne peut atteindre le maximum de travail utile que si on permet au moteur de développer une force électro-motrice égale au moins à la moitié de celle de la source ; s'il n'est pas assez puissant pour l'équilibrer quand il ne produit aucun travail utile, il existera toujours dans le circuit un courant capable, en se transformant en chaleur, d'élever la température du moteur d'une façon dangereuse pour l'isolement des fils et constituant en tout cas une perte de travail.

Il faut bien avouer qu'en pratique les résultats, tout en confirmant pleinement la possibilité de transmettre l'énergie mécanique dans des conditions très favorables, ont étonné les spécialistes eux-mêmes. L'événement scientifique dont l'Exposition de Munich a été le théâtre vient seulement d'être expliqué. On sait que M. Marcel Deprez, faisant preuve d'une véritable audace, se proposa de transmettre électriquement la force à plusieurs kilomètres, et d'employer comme conducteurs les fils du télégraphe de 4, 5 millimètres de diamètre. Cette tentative a réussi et le 14 octobre 1882 M. Du Moncel l'annonçait à l'Institut en disant : « M Marcel Deprez, au moyen de deux machines Gramme type A, modifiées d'après son système et ses calculs, est parvenu à transporter dans le palais de l'exposition une force de 1/2 cheval depuis Miesbach jusque Munich (60 kilomètres) à travers un simple fil télégraphique supporté par des poteaux en bois et sans qu'aucun soin spécial ait été pris pour son isolement.

La machine génératrice faisait 2000 tours à la minute et la réceptrice 1200 tours Le rendement économique, c'est-à-dire le rapport du travail reçu à Munich au travail dépensé à Miesbach est de 0,60. »

A la suite de cette communication, une polémique ardente s'établit entre les partisans et les adversaires de M. Marcel Deprez. Ces derniers virent dans le *rendement* de 60 p. c. un accroc donné à la théorie dans laquelle on prouvait que le *travail* récupéré est maximum quand $e = 0,50\ E$. D'autres attribuèrent à la méthode de mesure du rendement par le rapport des vitesses respectives des machines l'anomalie apparente ; d'autres enfin se contentèrent de nier les résultats obtenus ; à ceux-ci le rapport officiel donne une preuve indiscutable. Ces dissensions rendaient une appréciation raisonnée au moins prématurée et nous étions tenus à une certaine réserve, lorsque des circonstances particulières nous permirent de soumettre directement nos observations à M Th. du Moncel ; l'éminent membre de l'Institut ne se borna point à mettre à notre disposition les documents les plus complets sur la question depuis son origine jusqu'au 4 février 1883, il daigna nous guider dans notre étude et nous lui en exprimons notre vive reconnaissance. Ajoutons cependant que, n'ayant soumis ce qui suit à personne, nous ne rendons personne solidaire des erreurs que nous avons pu y commettre.

Un fait important est acquis : M. Marcel Deprez a le premier transporté de Miesbach à Munich, distance 57 kil., au moyen d'un fil télégraphique de $4^{mm},5$ de diamètre, une force d'environ un cheval-vapeur dont le quart a été recueilli *industriellement*. Nous ne tenons compte que des expériences officielles, bien qu'elles se soient faites dans des conditions moins favorables que les expériences préparatoires.

Ce résultat brutal est la confirmation de la théorie de M. Marcel Deprez ; il clôture, selon nous, l'ère du doute, et inaugure celle du progrès.

Nous allons rencontrer les diverses questions soulevées après cette expérience. Est-on en droit d'estimer le rendement par le rapport des vitesses des deux anneaux? Le rendement théorique, abstraction faite des résistances passives telles que trépidations, etc., peut s'estimer par le rapport des vitesses, mais il faut pour cela que l'intensité I soit invariable, ce qui a lieu dans les machines reversibles, puisque la réceptrice, en développant une force contre-électromotrice proportionnelle à la vitesse, forme elle-même régulateur de l'intensité du courant une fois la machine mise en marche. « Dans les expériences de Munich, nous écrit M. du Moncel, on » a reconnu que cette intensité n'avait pas même été altérée par les dérivations sur » la ligne ; » donc comme le travail électrique total est représenté par EI, le rendement sera proportionnel à $\dfrac{e}{E}$; mais ces forces électromotrices sont proportionnelles aux vitesses de rotation, le rendement électrique ou théorique est donc donné par le rapport de ces vitesses.

De l'indépendance de l'intensité du courant de travail, résulte que si l'on augmente ou l'on diminue la résistance du circuit ou la force électromotrice de la transmettrice, cette intensité ne change pas, car, en admettant que le circuit diminue de résistance, la réceptrice est excitée par un courant plus fort et la force contre-électromotrice est augmentée. Au contraire, si le circuit augmente la machine tourne moins vite, et le contre-courant est diminué d'intensité ; l'intensité ne varie que quand la résistance matérielle opposée à la machine réceptrice, c'est-à-dire le travail, augmente ou diminue ; et à chaque effort différent correspond une vitesse de régime de la machine qui maintient le courant constant, aussi longtemps que l'effort matériel à vaincre reste le même.

La constance du courant démontrée, il est facile de voir que si l'on augmente N, le nombre de tours de la transmettrice, le nombre de tours de la réceptrice s'accroîtra de la même quantité, et que le rendement augmentera. En effet $K = \dfrac{N-x}{N} = 1 - \dfrac{x}{N}$;

il tend vers l'unité au fur et à mesure de l'accroissement de N. Mais ce rendement électrique ne correspond nullement aux circonstances dans lesquelles le maximum de travail mécanique du moteur est obtenu. Le rendement électrique est un rapport variant de o à 1, précisément suivant les valeurs diverses du travail demandé à la machine réceptrice, travail qui se traduit toujours par une résistance plus ou moins grande au mouvement de rotation de celle-ci.

Donc ce rendement varie au gré de l'expérimentateur, et il est modifié par deux facteurs principaux : la charge du frein de la réceptrice, et la vitesse de la génératrice Il n'a de valeur déterminée que si ces deux facteurs sont eux-mêmes déterminés.

Le travail électrique du récepteur est une valeur concrète ; son maximum est atteint lorsque le rendement électrique est égal à $\frac{1}{2}$. Donc lorsque le rendement est supérieur à 5o p. c. comme cela s'est produit à Miesbach-Munich, c'est que précisément on ne demandait pas, dans ces séries d'expériences-là, le maximum de travail utile au moteur.

Les différences dans les rendements obtenus 5o p. c., 6o p, c., 67 p. c. proviennent de la vitesse différente dont était animée la génératrice dans les diverses séances ou les mesures ont été prises. On remarque que la différence des vitesses respectives des machines a été à très peu près constante, malgré les variations de vitesse données à la génératrice ; cette différence en été voisine de 8oo tours par minute.

Quant au *rendement industriel*, c'est-à-dire le rapport du travail utile réalisable, mesuré au frein à Munich, au travail dépensé mesuré au dynamomètre à Miesbach, il a été sensiblement égal à la moitié du rendement électrique évalué en prenant directement la force électromotrice des machines et l'intensité du courant à Miesbach et à Munich.

En résumé, l'expérience de M. Marcel Deprez est la preuve expérimentale des principes qu'il n'a cessé de soutenir ; sa réussite n'aura donc pas lieu d'étonner ceux qui nous auront suivis dans les détails de la théorie, si peu connue encore, du transport de l'énergie. Le journal scientifique « la Lumière électrique » est celui que les électriciens consulteront avec le plus de fruit : ils y trouveront une nouvelle théorie dans laquelle les symboles actuels sont remplacés par un élément nouveau auquel M. Deprez a donné le nom de *Prix de l'effort statique*. Ne pouvant écourter un tel travail, nous y renvoyons nos lecteurs.

DISTRIBUTION DE L'ÉNERGIE

Les premières applications de force motrice réalisées avec les machines reversibles ne constituaient que de simples transmissions ayant un générateur à l'une des extrémités et un ou deux moteurs à l'autre. Les avantages étaient déjà nombreux et incontestables ; cependant ce n'est qu'exceptionnellement que la totalité de l'énergie transmise doit être mise en œuvre par un seul récepteur, et le contraire sera le plus souvent nécessaire, aussi la facilité avec laquelle se prête l'électricité à une division extrême du travail constitue le plus grand avantage de son emploi.

Mais avec cette divisibilité reparaissent les difficultés de distribution déjà signalées pour la lumière ; c'est vers la solution de ces questions complexes que se dirigent les efforts de la science, aussi nous croyons utile d'en exposer les points principaux.

La distribution de l'énergie, est-il dit au Congrès des Electriciens, suppose qu'un certain nombre d'appareils propres à utiliser l'électricité, qui peuvent être d'ailleurs de nature diverse et de différente puissance, étant mis en relation avec un même générateur, celui-ci est disposé de façon à produire l'énergie nécessaire pour leur marche et à l'envoyer constamment à chacun d'eux ; chacun des appareils peut d'ailleurs être arrêté ou mis en action à un instant quelconque, la production électrique devant se conformer constamment à ces deux états.

La quantité totale d'énergie est conséquemment variable à chaque instant ; nous savons qu'elle est représentée par EI, E étant la force électro-motrice du générateur, I l'intensité du courant.

C'est donc ce produit qu'il faut faire varier suivant la demande des récepteurs, et les procédés simples consisteront à agir séparément sur chacun d'eux. On pourra donc : 1º laisser I constant et faire varier E; 2º laisser E constant en faisant varier I. Le premier procédé conduira à placer tous les récepteurs sur un même circuit parcouru par un courant dont l'intensité sera 1 ; les appareils seront alors *en tension* ou autrement dit *en série.*

Le second conduira à placer les appareils sur des circuits distincts aboutissant aux deux pôles du générateur dont la différence de potentiel E sera constante ; les appareils seront alors *en dérivation.*

La distribution en tension ne peut convenir que dans les cas où l'allure du travail est réglée d'avance et presque invariable. On se contente alors de munir chaque récepteur d'un appareil de sûreté qui substitue une résistance équivalente à celles qui sont volontairement ou accidentellement supprimées du circuit. Outre le manque d'économie, cette distribution conduit à des tensions considérables dont il sera difficile d'éviter les dangers.

La distribution en dérivation est plus élastique que l'autre, elle laisse les appareils indépendants, mais comme elle repose en général sur l'emploi de grandes quantités de fluide circulant à faible tension, elle exige des conducteurs à grande section.

Quel que soit le mode employé, les modifications de tension ou de quantité du courant sont ordinairement obtenues en faisant varier la force électro-motrice des générateurs.

M. Cabanellas cependant préconise un système de distribution en tension alimentée par une série de générateurs identiques à régime constant. Un organe spécial intercalé dans le circuit règle automatiquement *le nombre* des générateurs en activité

Pour modifier la force électro-motrice d'une machine, on peut agir sur la puissance du champ magnétique, et sur la vitesse de l'organe mobile. On conçoit facilement qu'on aura bientôt atteint les limites de variation de vitesse ; de plus, le réglage convenable des frotteurs sur les collecteurs est d'une très grande difficulté.

C'est, comme le font remarquer la plupart des spécialistes, le champ magnétique qui se prête le mieux au réglage de la force électro-motrice. La solution la plus brillante est celle due à M. Marcel Deprez. Ce savant a demandé l'excitation des inducteurs à deux courants distincts dont l'action s'ajoute. L'un d'eux est un courant constant fourni par une source d'électricité indépendante ; l'autre est le courant de travail lui-même. Ces deux courants parcourent deux circuits distincts formés de fils enroulés à côté l'un de l'autre, de façon que la distance de deux fils voisins à l'anneau soit sensiblement la même. La vitesse de la machine est réglée à une valeur fixe résultant de sa construction.

Avec cette disposition il existe dans la machine deux forces électro-motrices, l'une invariable produite par le courant excitateur indépendant, et qui répond à la résistance intérieure de la machine, l'autre variant en raison inverse des changements de résistance du circuit extérieur, et dont la production est due à l'excitation du courant lui-même. Il en résulte que pour une vitesse invariable de l'organe mobile, la différence de potentiel produite par l'excitation extérieure est également maintenue invariable. La machine se règle donc d'elle-même, et ce réglage basé sur le jeu des actions électriques, dont l'emploi admet toutes les tensions, a été confirmé par les nombreuses expériences faites durant l'Exposition.

On a enfin essayé comme réservoirs-régulateurs les piles secondaires ; nous avons formulé jadis nos réserves au point de vue du rendement ; la question n'a pas fait un pas depuis lors.

APPLICATIONS MILITAIRES DE LA TRANSMISSION DE L'ENERGIE MÉCANIQUE

C'est en méditant les avantages des transports d'énergie par voie électrique que l'on est amené à en prévoir l'emploi par les armées dans un avenir plus rapproché qu'on ne le croit généralement. Résumons avec M. Cabanellas ces avantages nombreux, ils suffiront peut-être pour rendre unanime une opinion qui, naguère encore, eût été taxée de rêverie.

Les transports d'énergie par voie électrique doivent être recommandés parce qu'ils sont supérieurs en portée aux transports basés sur le déplacement continu d'une matière quelconque (gaz ou liquide en pression) du lieu de production de l'énergie aux lieux d'emploi. A fortiori et pour la même raison, ils doivent être préférés aux transports purement mécaniques tels que les transmissions telodynamiques par exemple. Au point de vue de la distribution, la supériorité est évidente ; les propagations électriques se divisent bien plus facilement que tout autre transmission du mouvement. Si l'on compare l'électricité à la chaleur, l'électricité présente cet immense avantage que le rayonnement n'existe relativement pas ; en d'autres termes que la protection du conducteur contre le rayonnement ou la propagation au milieu ambiant est très possible et très facile avec l'électricité et cela sur une portée quelconque, même dans les milieux gazeux, tandis qu'elle est très difficile et peu efficace pour la chaleur. La comparaison avec les systèmes de transport et de distribution d'un combustible, le gaz par exemple, est d'un autre ordre, puisqu'alors l'énergie est transportée à l'état latent ; elle ne devient à proprement parler énergie active qu'au moment de l'emploi.

Mais dans cette occurence, l'électricité voit encore la balance s'incliner de son côté, sous le rapport du coût de la canalisation, de ses frais d'entretien, des pertes ou fuites souvent énormes avec le gaz.

Sa supériorité est grande comme sécurité et commodité d'emploi. L'énergie n'est transformée en chaleur que pour les applications qui la nécessitent et sa faculté de concentration d'une grande quantité de calorique sur un point donné est incomparablement utile pour la production des hautes températures et des transformations de la chaleur en lumière. L'énergie passe directement de la forme électrique à la forme mécanique par des organes beaucoup plus simples comme maniement, moins encombrants, et qui ne peuvent manquer de devenir bientôt moins coûteux que les machines indispensables aux autres modes de transport.

L'avenir est à l'électricité et la science possède tous les éléments nécessaires pour aborder utilement le problème. Le champ a certes besoin d'être cultivé et amendé et les travaux plutôt théoriques que pratiques qui ont été faits jusqu'ici sont la base solide sur laquelle s'élèvera sans difficultés d'aucune sorte la partie véritablement industrielle du transport de l'Energie.

Telles sont les considérations qui nous font espérer que dès l'adoption par l'industrie du nouvel agent de travail, l'art militaire mettra à profit les facilités incontestables que nous signalons ci-dessus

PREMIER MODE D'EMPLOI. — Dans les places assiégées, dans les camps retranchés, il existe des machines productrices de travail et c'est à elles que l'on s'adressera pour obtenir la force nécessaire à la production en grand de l'électricité. La répartition de ces masses de fluide se fera conformément aux principes exposés, et ces courants transporteront au loin la force motrice suffisante pour faire mouvoir l'outillage des ateliers permanents ou temporaires. Nous ne nous appesantirons pas sur les avantages du mode de transport de l'énergie dans ce genre d'applications. Il suffit de remarquer qu'on trouvera toujours assez de fil métallique pour établir les circuits nécessaires, et les établissements industriels, les bateaux à vapeur dans les villes maritimes, fourniront la force qui, transformée en électricité, pourra être envoyée sous cette forme aux endroits où elle devra concourir à la défense. Des machines magnéto ou dynamo-électriques d'un volume restreint et d'un entretien presque nul constituent le matériel indispensable.

Notons en passant que l'assiégeant retirera des avantages plus grands encore de la possession d'un tel matériel.

Voilà pour la première catégorie de services que nous attendons de l'électricité ; mais il en est une autre, non moins importante, dont il serait difficile d'établir dès maintenant toutes les conséquences.

DEUXIÈME MODE D'EMPLOI. — Les manœuvres de force actuelles, dont la connaissance est nécessaire aux armes spéciales, puisqu'on peut être privé de tout autre moyen, trouveront un auxiliaire précieux dans la mise en usage d'engins mus par l'électricité. Reportons-nous de quelques années en arrière : la poulie différentielle, les chevalets-chèvres, etc., n'existaient pas dans le matériel ; aujourd'hui les armées n'hésitent plus à emprunter à l'industrie ses engins les plus perfectionnés. Il en sera de même pour les machines qui utiliseront le fluide électrique, car les causes qui s'opposent à l'emploi de la vapeur, des transmissions telo-dynamiques, etc., n'existent pas lorsqu'on s'adresse à l'électricité, et sa mise en œuvre sera un fait

accompli dès que 1° la transmission de l'énergie sera entrée dans le domaine industriel; 2° que l'outillage, dirons-nous, aura été trouvé.

Parmi les types d'appareils applicables aux manœuvres de force, il en est peu qui
répondent parfaitement aux exigences militaires : ainsi le type *grue* doit être écarté
à cause du contrepoids ; le type *chèvre* également par suite du manque de stabilité ;
reste le type *chevalet* à treuil latéral qui, monté sur wagonet spécial à double train
de roues, réalise assez bien les conditions du problème. Nous n'avons pas encore
mûri cette question de détail, qui sort du cadre de cet ouvrage et nous ne nous y
arrêterons pas plus longtemps. Quant à la communication entre la machine-source
et le moteur électrique, elle doit être facile et sûre; pour cela, on doit abandonner
les fils aériens et placer à demeure un circuit enterré longeant les faces des ouvrages.
C'est sur un tel circuit convenablement établi que viendra se greffer le circuit dérivé
qui actionnera l'arbre moteur.

Ces indications, bien que très incomplètes, serviront peut-être à montrer combien
il reste encore à glaner dans le champ de la science nouvelle. Notre prétention ne
va pas au delà.

BLOCK-CIBLES A ENCLENCHEMENT ÉLECTRIQUE

On sait que les cartouches de guerre subissent, avant leur réception, un certain
nombre d'essais dont fait partie le tir dit de justesse, destiné à s'assurer de la régularité des effets obtenus. Le tir de justesse, établi à Vincennes, est le type
de ce genre d'installations : c'est une longue galerie de 200 mètres, avec para-
balles, etc., à l'une des extrémités de laquelle se trouvent placés sur une plate-forme,
abritée dans un local, deux fusils dont les canons sont encastrés dans un bloc de
fonte pour éviter le recul. A l'autre extrémité, une cible et sur le côté un abri,
débouchant par une porte blindée dans la galerie, destiné aux observateurs. Malgré
toutes les précautions, et *bien qu'une communication électrique eut été établie* entre
l'abri et les tireurs, l'un des observateurs eut, en juillet 1880, le poignet fracassé en
relevant les coups; depuis, à Douai, dans un tir non muni du block-cible, un capitaine a été tué. La nécessité d'éviter le retour de tels accidents était évidente; aussi,
à la demande du directeur de l'Ecole d'artillerie, un constructeur d'appareils de
sécurité pour les chemins de fer, M. Mors, de Paris, eut l'ingénieuse idée d'appliquer ces appareils aux installations de tir, et le résultat qu'ils donnèrent fut
tellement remarquable que le Département de la Guerre les adopta d'une façon
générale.

Nous proposons de donner le nom de *block-cibles* aux dispositifs qui réalisent le
problème suivant : Ne permettre l'usage des fusils d'épreuve que si la porte
de l'abri des observateurs est fermée, et empêchant mécaniquement l'emploi de ces
fusils tant que la porte est ouverte. Ce nom de block-cible est justifié par l'analogie
qui existe entre le problème ci-dessus et celui de la couverture des trains par
le block-system. Dans ce mode d'exploitation, la ligne est divisée en sections couvertes par des signaux, enclenchés chacun par un appareil spécial. Un train ne peut
pénétrer sur une section qu'autant que l'appareil en question est à *voie libre* ; d'autre
part, celui-ci n'est à *voie libre* que si la section qu'il protège n'est pas occupée par
un autre train. Il faut donc construire des appareils solidaires les uns des autres
et tels que chacun d'eux soit manœuvré pour couvrir un train qui s'engage sur une
section et ne puisse être *effacé* de nouveau que par l'agent du poste suivant, lorsque

le train annoncé y est parvenu. M. Mors construit les sémaphores Tesse, Lartigue et Prud'homme, il a donc utilisé ceux-ci; mais les journaux qui affirment que ce sont les seuls appareils présentant une garantie suffisante, sont dans une erreur complète comme nous le montrerons plus loin.

Block-cible du tir de Vincennes. — L'appareil se compose essentiellement de deux boîtes électro-sémaphoriques : l'une B_1 (N° 1), placée près des fusils, l'autre B_2 (N° 2), fixée dans l'intérieur de l'abri. Elles sont reliées par un fil de ligne et sont de plus en relation : N° 1 avec un système permettant ou interdisant, suivant les cas, l'usage du mécanisme de culasse des fusils d'épreuve; la seconde (N° 2) avec un verrou fermant la porte de l'abri. Si chacun de ces appareils 1 et 2, une fois enclenché, ne peut être déclenché que par la manœuvre de l'autre appareil, le problème énoncé plus haut sera résolu.

Boîte de manœuvre N° 1. — Cette boîte (fig. 6) est en fonte; scellée sur la plate-forme des fusils d'épreuve, elle est à égale distance de leurs axes. Un arbre horizontal A (fig. 8) porte à l'avant une manivelle M pouvant tourner seulement de droite à gauche, et à l'arrière un plateau circulaire plein P présentant une échancrure triangulaire U. Un bras B fixé sur ce plateau à 90° de la manivelle est relié à un système de contre-poids et à un écran métallique empêchant, lorsque sa position est verticale, de voir la cible. Sur l'axe A sont fixés : un doigt D faisant un angle de 120° avec le bras B, une came hélicoïdale C et un disque en ébonite G. Un cliquet F et deux dents de rochet fixent deux positions du plateau correspondant à : 1° le bras B vertical; 2° le bras B à 210°.

Sur un second axe A' sont fixées deux règles, l'une R dans le plan du doigt D, l'autre R' dans le plan de la came C. La règle R est articulée en O avec un butoir I sur lequel le doigt D vient s'appuyer quand le bras est à 210° de la verticale.

Cette règle R porte une palette inférieure en contact avec un électro-aimant Hughes H. Le disque G est garni de sept parties métalliques saillantes : l'une a communique avec l'axe et le fil de terre. Les six autres sont reliées deux à deux. Ce disque tourne entre quatre frotteurs à ressort, communiquant le premier b avec le fil de la bobine de l'électro-aimant H; le deuxième c avec la borne + d'une pile; le troisième d avec la borne —; le quatrième e avec la ligne, en passant par le paratonnerre W. Cet ensemble constitue un commutateur inverseur qui envoie sur la ligne le courant positif ou négatif de la pile, isole ou relie l'électro-aimant à la ligne.

Vers le haut est placé un second électro-aimant Hughes H' qui fonctionne par un courant inverse du premier; il retient une palette P' portée sur un axe m qui supporte aussi une tringle T avec un contre-poids t, un marteau de timbre M, un voyant V mi-partie rouge et blanc et une pièce K terminée par une palette p qui sert à tenir l'aimant armé quand l'axe m a pivoté. Cet ensemble est ramené à sa position initiale au moyen d'un levier L actionné par un doigt D' fixé en arrière du disque. Une ouverture dans la paroi permet d'apercevoir la partie blanche ou rouge du voyant suivant la position d'enclenchement ou de déclenchement. Une sonnerie S actionnée par un commutateur de la boîte 2 permet la conversation électrique.

Dispositif de sûreté (fig. 7 et 8). — Entre la boîte et le plateau existe un arbre horizontal X tournant dans deux paliers et portant à ses extrémités deux boîtes couvre-culasses Y et Y' qui découvrent le mécanisme de culasse lorsqu'elles sont abandonnées à elles-mêmes, c'est-à-dire verticales, mais qui l'emprisonnent si on les amène horizontalement à la main et qui, par leur forme, relèvent le levier de culasse s'il était abattu, donc si le fusil était armé. Lorsque les boîtes Y, Y′ sont verticales, un arrêt Z porté par l'arbre X est entré dans l'échancrure du plateau ; celui-ci ne peut donc tourner, la manivelle non plus. Mais si on recouvre les mécanismes en faisant tourner les boîtes Y, Y′, *donc si on se met dans l'impossibilité de tirer*, l'arrêt Z sort de l'échancrure et on peut tourner la manivelle de 210º. Le plateau est entraîné et on ne pourra rabattre les boîtes, car l'arrêt Z frotte contre la surface du plateau l'échancrure n'étant plus devant lui. *L'appareil est alors enclenché.* En même temps que le plateau tourne, le bras qui y est fixé entraîne une chaîne qui commande un système de contre-poids, abaissant de ce fait l'écran en tôle qui masque la cible.

Boîte Nº 2. — Elle est semblable à la boîte Nº 1, seulement le plateau n'existe plus et il n'y a plus de paliers ni d'arbre ; le plateau est remplacé par une manivelle à contre-poids. Après plusieurs essais pour déterminer un système de verrou à enclenchement, on semble s'être bien trouvé du suivant : un verrou horizontal se meut dans une glissière fixée sur le derrière de la boîte de manœuvre ; il est poussé dans sa gâche par une came en hélice calée sur l'arbre entre la manivelle d'arrière et la boîte. En faisant tourner l'arbre avec la manivelle d'avant, la partie saillante de la came agit sur l'extrémité du verrou. Quand l'appareil est déclenché, la came n'agit plus sur le verrou qui est rappelé par un ressort fixé sur la boîte de manœuvre. Le système de fermeture du circuit, automatiquement, quand la porte est fermée seulement, a déjà été plusieurs fois modifié et malgré cela, il n'est pas bon, ou plutôt il peut être meilleur. Nous y reviendrons à propos du dispositif *A*. *Flamache* donné ci-après.

Passons à la manœuvre et partons de l'instant où tout étant en règle on va tirer. L'appareil Nº 1 est déclenché, la manivelle M est horizontale, les boîtes Y, Y′ tombent librement, l'écran est effacé, le voyant V est au blanc ; si la symétrie est détruite, il n'est possible de la rétablir à la main que par l'appareil Nº 2. Une salve tirée, le commandant du tir fait relever une des boîtes Y, Y′ de l'appareil Nº 1, l'arbre X entraîne la seconde et les fusils sont ainsi désarmés. On tourne la manivelle M de 210º ; par ce mouvement, les mécanismes de culasse deviennent inaccessibles et l'écran cache la cible. Le doigt de la boîte 1 vient s'appuyer sur le butoir I. Le disque inverseur G arrive à une position où le pôle — de la pile est mis en relation avec la ligne, et le pôle + avec la terre ; un courant négatif est envoyé dans l'appareil Nº 2 et y affaiblit l'électro aimant H ; la palette P est lâchée, la règle R′ et le butoir I sont écartés par l'effet du contre-poids. Le doigt D, devenu libre, permettra à la bielle de reprendre, par l'effet du contre-poids extérieur, la position verticale. La came d'arrière ne pressera plus sur le verrou qui sera retiré par l'action du ressort. Au moment où la règle R′ est écartée, le levier de bascule L entraîne la pièce K, en faisant passer au rouge le voyant et en collant la palette *p* contre l'aimant H′. En même temps, la bielle revenant à sa position verticale, la came C relevait la règle R′, et le levier L, soulevé par le doigt D′, recollait la palette P′ contre l'aimant. Pendant ces mouvements, l'inverseur C met le pôle — en relation avec la terre le pôle + avec la ligne. Ce courant positif affaiblit *dans la boîte* Nº 1 l'aimant H′ dont la palette P′ est écartée par l'action du contre-poids *t*, le voyant V passe au rouge et le marteau M frappe sur le timbre. Les tireurs ont ainsi un accusé de réception automatique. Les observateurs ont avis du déclenchement de leur appareil par une sonnerie extérieure en contact avec leur levier.

En résumé par le fait de la manœuvre de la manivelle de la boîte Nº 1, on a enclenché l'appareil Nº 1, déclenché le Nº 2 et permis d'ouvrir la porte de l'abri.

Celle-ci ouverte, le circuit est interrompu *et il est matériellement impossible de dé-clencher l'appareil n° 1.* On relève les coups, on rentre dans l'abri et la fermeture de la porte réalise la fermeture du circuit, on peut prévenir les tireurs qu'ils peuvent recommencer et pour le leur permettre on déclenche leur appareil en faisant avec l'appareil N° 2 la manœuvre identique à celle faite ci-dessus avec N° 1. On tourne la manivelle du N° 2 de 210° ; le verrou est poussé dans sa gaine, l'appareil N° 2 est enclenché, le voyant passe au blanc. L'électro-aimant H du N° 1 lâche sa palette, l'appareil se déclenche, son axe A revient à la position initiale ; le plateau d'arrière suivant ce mouvement, amène l'échancrure U devant le doigt ou arrêt Z qui s'y engage, et les deux boîtes Y, Y' n'étant plus maintenues tombent librement par leur propre poids.

Les mécanismes de culasse deviennent libres, l'écran est relevé par le contre-poids et l'appareil n° 1 étant déclenché, le tir peut recommencer, mais il serait im-possible d'ouvrir la porte de l'abri.

Ce système présente donc de grands avantages, *mais la sécurité n'est pas absolue,* car un courant atmosphérique peut déclencher les appareils ; certes ce cas est rare, mais il est à prévoir et M. Lartigue l'a tellement bien admis que dans les appareils pour voie ferrée, une sonnerie a pour but d'avertir de ces déclenchements acci-dentels.

Nous avons vu aussi que c'est la porte de l'abri qui en se refermant ferme le circuit et permet le déclenchement ultérieur. Plusieurs systèmes ont été essayés, tous établissent directement le circuit lors de la fermeture de l'abri ; nous croyons qu'il serait préférable de munir la porte d'un verrou à main, et de disposer le cir-cuit de manière qu'il ne soit fermé que si le verrou est poussé à fond de son logement. A cet effet deux ressorts-lames (dont l'un est plus puissant que l'autre), sont fixés au fond du logement du verrou à main dont le nez est en cuivre et isolé électriquement du corps ; il va sans dire que les ressorts-lames sont isolés l'un de l'autre. Le circuit aboutit à l'un des ressorts A (fig. 9) d'une part, et au ressort B d'autre part. Pour qu'il soit fermé, il faut que le nez du verrou appuie à la fois sur les deux ressorts, et cela n'aura lieu, à cause de la différence de puissance, que si, non seulement le verrou est poussé à fond, mais encore *maintenu à fond,* ce qui s'obtient, on le sait, en lui faisant faire un mouvement de rotation afin d'amener la poignée contre une encoche d'arrêt. L'installation des appareils de sécurité a coûté 3,000 fr. environ ; la dépense d'entretien est presque nulle.

BLOCK-CIBLE, SYSTÈME FLAMACHE

Nous avons dit tantôt que l'appareil Lartigue n'est pas le seul qui puisse être appliqué dans le cas spécial qui nous occupe. M. A. Flamache, ingénieur des chemins de fer de l'Etat-Belge, qui professe à l'Université de Gand le cours de chemins de fer, a inventé récemment un appareil pour la réalisation du block-system sur les voies ferrées.

Au moyen de quelques modifications de détail, consistant surtout en simpli-fications, le problème à résoudre étant moins complexe, nous avons constitué avec cet appareil un block-cible de construction beaucoup moins délicate que celui de Vincennes, et dont la sécurité est au moins égale à ce dernier, si elle ne lui est supérieure.

Les appareils d'enclenchement comprennent : 1° l'enclenchement mécanique ;

2⁰ l'enclenchement électrique des appareils entre eux ; 3⁰ les commutations et communications.

L'enclenchement mécanique se compose de deux disques encochés (fig. 10) *montés sur des axes perpendiculaires*. Chacune des encoches a une largeur égale à l'épaisseur du disque opposé ; il résulte de cette disposition que quand les deux encoches sont vis-à-vis l'une de l'autre, chacun des axes pourra tourner isolément au choix de l'opérateur ; mais aussitôt que l'un d'eux aura quitté la position pour laquelle l'encoche se trouve vis-à-vis du disque opposé, le disque qui n'aura pas bougé sera enclenché dans la position normale.

Cela posé, l'ensemble se compose de deux mécanismes, l'un dans l'abri, l'autre près des fusils. La porte de l'abri porte *sur son axe* un des disques encochés (fig. 11) placé par conséquent horizontalement ; l'autre disque encoché est monté sur l'axe de la boîte électrique. Quand la manivelle actionnant cet axe est verticale, l'encoche du disque de la boîte se trouve vis-à-vis du disque de la porte et celle-ci peut être ouverte à volonté ; mais aussitôt qu'elle est ouverte et aussi longtemps qu'elle le sera, la manivelle de la boîte ne pourra quitter la verticale ; d'autre part, si la manivelle n'est pas verticale, la porte est calée.

Le même dispositif relie un axe *d* (fig. 12) avec la seconde boîte électrique ; cet axe *d* manœuvre : 1⁰ deux ou plusieurs *boîtes couvre-culasses* empêchant de se servir des fusils lorsqu'elles sont relevées ; 2⁰ un écran mobile à contre-poids masquant les cibles. Quand le volet est abaissé et que les couvre-culasses empêchent le tir, l'encoche du disque D monté sur l'axe *d* se trouve vis-à-vis du disque monté sur la boîte électrique.

Il résulte de cette disposition qu'on ne pourra relever l'écran que quand la boîte aura sa manivelle verticale, ce qui correspond à l'encoche du disque de son axe, placée au droit du disque D de l'axe *d*. Réciproquement on ne pourra faire quitter la position verticale à la manivelle de la boîte que quand le volet sera abaissé et les culasses couvertes, ce qui correspond à l'encoche du disque D au droit du disque de la boîte. La question se réduit donc à empêcher par une connexion électrique que les manivelles de la boîte de l'abri et du local des fusils *ne soient verticales en même temps*. C'est ce qui constitue l'enclenchement électrique.

Enclenchement électrique : boîtes de manœuvre.— Soient O et O' les axes des deux manivelles, un rochet les empêche de tourner de gauche à droite, par rapport à la verticale inférieure Sur chacun des axes (fig. 13) est calé un levier coudé dont les deux bras ou taquets font un angle de 120⁰. Le taquet T' porte à son extrémité un goujon en saillie G.

Quand la manivelle est verticale, les taquets sont dans la position de ceux montés sur l'axe O'. Au-dessus de l'axe O et O' (les boîtes sont identiques) se trouve un axe M autour duquel bascule une *pièce en fourche* F composée : 1⁰ d'un bras butoir K ; 2⁰ d'un bras à crochet L ; et 3⁰ d'un bras à armature H. Les bras K et L ne sont pas dans le même plan ; le bras L est recourbé de manière à ce que son crochet soit au droit du goujon du taquet T', tandis que K est au droit des taquets eux-mêmes ; l'armature H se trouve vis-à-vis d'un fort électro-aimant E. La pièce en fourche tend à retomber dans la position fig. 14. Pour qu'elle occupe l'autre position, il faut qu'elle y soit maintenue par l'aimant.

Supposons la pièce en fourche tenue dans la position de celle de la boîte n⁰ 1 : elle est maintenue dans cette position par le goujon G. *Si aucun courant ne passe*, et que l'on veuille ramener la manivelle de la position M″, où elle est, à la position verticale M, cette opération est impossible, car le goujon G s'engage dans le crochet L, puisque la pièce F bascule dès qu'elle n'est plus soutenue. Si, au contraire, un courant passe par l'électro-aimant E, l'armature y reste collée, maintient soulevée la branche H, donc le crochet L, ce qui permet au goujon de passer en dessous. L'appareil pourra donc être déclenché ; mais le courant de déclenchement n'a pu être envoyé *qu'après l'enclenchement de l'autre appareil.* En effet, pour envoyer au Nᵒ 1 ce courant de déclenchement, il a fallu faire quitter à la manivelle de la boîte Nᵒ 2 la position verticale et la faire passer de M en M'. Dans ce mouvement, le taquet T de l'axe O' (boîte Nᵒ 2) relève la pièce F, la remet sous l'action de l'aimant qui la retient collée jusqu'à ce que la boîte Nᵒ 1 ait été déclenchée. Mais lorsque ce déclenchement a eu lieu, le courant qui l'a produit est rompu, et la pièce F de la boîte Nᵒ 2 tombe. Le passage de la position M' en M'' peut s'effectuer dès ce moment ou lorsqu'on reviendra à la position verticale ; nous avons conservé les trois positions de la manivelle afin de ne pas devoir modifier les appareils applicables aux voies ferrées. On voit que les deux boîtes ne peuvent être déclenchées en même temps ; leurs manivelles seront toujours dans des conditions telles que l'une des deux seulement pourra être verticale, ce qui, nous l'avons exposé avec détails, a pour conséquence l'absolue impossibilité d'avoir simultanément la porte de l'abri ouverte et les culasses découvertes ou la cible en vue s'il s'agit du tir à l'épaule.

Il nous reste à décrire les communications et commutations nécessaires pour établir les relations dont nous venons de voir le but. Elles se composent de deux fils de ligne A et B passant tous deux par les électro-aimants E qui sont pour cela à double circuit, et allant aboutir à des lames *l, l',* des commutateurs montés sur les axes O et O'. Ces commutateurs portent en outre des lames aboutissant aux pôles positifs de deux piles et des lames *t'* aboutissant au fil de terre. Les communications entre ces diverses lames sont représentées schématiquement au moyen des diagrammes placés en dessous des axes O et O'.

Dans la position verticale de la manivelle aucun contact n'est établi ; dans la position de gauche, une pièce métallique met en contact les lames auxquelles aboutissent le pôle de la pile et l'extrémité d'un des fils de ligne, ce qui a pour conséquence d'envoyer à l'autre appareil le courant de déclenchement L'autre fil de ligne est en contact permanent avec la terre, sauf dans la position verticale de la manivelle ; aussitôt donc que l'appareil a été enclenché, il est prêt à recevoir le courant qui doit en permettre le déclenchement.

Si une communication télégraphique n'existe pas entre l'abri et les tireurs, il peut être utile de faire connaître par des indicateurs montés sur les circuits A et B, l'instant où les appareils sont susceptibles d'être déclenchés.

Comme on peut le voir par la description qui précède, cet appareil réalise un block-cible répondant à toutes les conditions du problème.

L'enclenchement mécanique est simple et robuste et se prête à toutes les exigences ; il ne nécessite ni contre-poids ni verrous ; une même boîte peut enclencher plusieurs systèmes d'axes ; un seul système d'axe peut être enclenché par plusieurs boîtes, ce qui, dans certaines installations de tir, peut faciliter la solution de cas particuliers.

L'enclenchement électrique est également fort simple et n'exige aucun contact extérieur sujet à se rouiller ; de plus, l'électricité atmosphérique ne peut jamais apporter de perturbation dans la marche des appareils.

Ajoutons, en terminant, que les deux fils de ligne peuvent être réduits à un seul en modifiant la commutation, mais sans grand avantage, la distance entre l'abri et les tireurs étant toujours fort courte.

Nos lecteurs trouveront dans la *Revue universelle des Mines*, tome XI, 2ᵉ série 1882, une remarquable étude sur le *block-system*, par M. Huberti, ingénieur, professeur à l'Université de Bruxelles, dans laquelle sont décrits avec détails les appareils de M. A. Flamache.

APPAREILS BALISTIQUES

Les expériences de balistique peuvent se diviser en trois catégories : 1° l'étude des vitesses du projectile dans l'air ; 2° la connaissance des lois suivant lesquelles se meuvent les projectiles dans l'âme ; 3° la loi du recul des armes à feu.

La vitesse initiale est une donnée indispensable lorsque l'on veut résoudre théoriquement les problèmes de balistique. Si cette vitesse se conservait constante, il suffirait de mesurer le temps employé par le projectile pour arriver au point de chute, et de diviser la portée par ce nombre. Mais la résistance de l'air ne conserve pas une constante intensité, aussi la vitesse se modifie-t-elle à chaque instant, et il faut des mesures de temps et d'espace relativement précises pour la connaître assez approximativement

On y arrive en mesurant successivement la durée des 20, puis des 40, puis des 60, etc., premiers mètres de trajet, et en divisant 20, 40, 60, etc , par les fractions de seconde obtenues ; on obtient ainsi la *vitesse moyenne* à mi-distance, c'est-à-dire à 10, 20, 30, etc., mètres de la bouche de l'arme.

Pour avoir la vitesse à 0ᵐ, c'est-à-dire la vitesse initiale, il suffit de construire une courbe ayant pour ordonnées les vitesses moyennes aux diverses distances, pour abscisses les distances correspondantes, et de prolonger cette courbe au sentiment jusque la rencontre de l'axe des ordonnées.

La nécessité d'employer des enrégistreurs électriques est évidente, et comme on le sait, c'est en Belgique que les découvertes les plus importantes dans cette partie de la science ont vu le jour.

Mais la vitesse initiale n'est pas le seul élément qu'il soit intéressant de connaître, et il est utile aussi de savoir la loi suivant laquelle se meut le projectile dans l'âme. Il est évident que si les gaz de la poudre produisent un choc brusque, une forte part de la force produite sera employée à vaincre l'inertie de la masse métallique, au grand détriment de l'arme qui subira une secousse violente préjudiciable à sa conservation et sans profit pour le projectile qui perdra par suite de son frottement contre les parois de l'âme, et du cisaillement des rayures une certaine fraction de la vitesse qui lui aura été imprimée au début. La loi du mouvement dans l'âme est une notion indispensable pour arriver à fabriquer une poudre de manière à obtenir le rendement voulu, c'est-à-dire la vitesse initiale assignée, sans dépense inutile de force, dépense qui se traduit par des pressions exagérées, pouvant entraîner l'éclatement des bouches à feu.

La mesure approximative des pressions exercées sur les parois est obtenue par des manomètres spéciaux appelés accélérographes ou accéléromètres. Enfin, lancé sur la voie des études électro-balistiques, on a cherché la loi du recul des armes, mais cette détermination à beaucoup moins d'importance que les précédents.

Les appareils employés pour l'enregistrement de la loi du recul se nomment vélocimètres.

Chronographe Le Boulengé. — Il se compose d'un montant sur lequel sont fixés à des hauteurs convenables pour les expériences habituelles, c'est-à-dire vitesses moyennes et espacement des cadres-cibles de cinquante mètres, deux électro-aimants. L'électro-aimant supérieur supporte une longue tige métallique appelée *pendule chronomètre*; l'inférieur tient suspendu un barreau métallique appelé *pendule enregistreur*. La bobine supérieure fait partie du circuit traversant le cadre-cible le plus rapproché de la bouche à feu, l'inférieure fait partie du circuit traversant le cadre-cible éloigné de 5o mètres ordinairement du précédent. Ces cadres-cibles sont formés d'un fil de laiton argenté continu et tendu suivant des horizontales distantes d'une quantité moindre que le diamètre du projectile. Lors de l'expérience, ce projectile traverse le premier cadre, coupe le fil, l'aimantation du noyau supérieur est annulée, le chronomètre tombe librement. Le second cadre est traversé à son tour ; l'enregistreur tombe également et rencontre un plateau monté sur un levier à charnière : le levier bascule, déclenche un couteau qui vient frapper le chronomètre passant précisément devant lui et y produit une empreinte.

Si le chronomètre s'était mis à tomber au moment précis où le premier cadre a été coupé; si, d'autre part, l'empreinte avait été marquée à l'instant même où le second courant a été rompu, on déduirait facilement le temps : $t = \dfrac{\sqrt{2\,h}}{g}$; la vitesse s'obtiendrait ensuite en divisant l'espace séparant les cadres par la valeur trouvée pour t. Mais les choses ne se passent pas ainsi; la désaimantation des deux électro-aimants n'est pas immédiate ; de plus, le petit pendule a un trajet notable à effectuer pour venir atteindre le plateau de la détente ; il faut un certain temps pour que celle-ci bascule, que le couteau déclenche et qu'il vienne frapper la tige du chronomètre.

On élimine ou mieux on évalue in-globo ces retards par une expérience préalable appelée *disjonction*, consistant à rompre simultanément les deux courants. Le temps indiqué par l'appareil est évidemment la somme des erreurs, puisque si tout était instantané, on devrait trouver un temps *zéro*. On en conclut la correction à apporter et la vitesse se lit sur une règle, ou se calcule par les formules ci-dessus.

De nombreuses modifications ont été apportées au chronographe Le Boulengé, soit afin de régulariser l'intensité des extra-courants auxquels donne lieu la rupture des courants, soit de supprimer les variations dues au disjoncteur soit d'assurer la régularité de fonctionnement du chronographe. Nous déclarons qu'après mûr examen, il nous a semblé que ces soi-disant perfectionnements n'en étaient pas.

En effet, en opérant la disjonction assez souvent, l'appareil ne conduira jamais à des erreurs aussi grandes que celles faites à la lecture; d'ailleurs, avec une pile régulière et en tenant compte des prescriptions données par l'inventeur, on atteint une approximation presque toujours suffisante.

Le plus sérieux défaut que l'on puisse reprocher au chronographe Le Boulengé, c'est de ne pouvoir mesurer qu'un seul temps à chaque coup; cela oblige à installer plusieurs appareils lorsqu'on veut prendre plusieurs vitesses pendant une trajectoire unique, ce qui ote aux observations une partie de leur poids. Enfin, l'emploi de cet appareil ne permet pas de rapprocher les cadres-cibles à quelques mètres l'un de l'autre.

Chronographe Gloesener. — Des perturbations et des incertitudes sont la conséquence de l'emploi des électro-aimants ; or, les mesures des vitesses, toujours coûteuses deviendraient inutiles si elles n'étaient pas d'une précision parfaite. Feu le professeur Gloesener, de Liége, s'était proposé d'employer le *moins possible* les électro-aimants et d'enregistrer les ruptures de courants au moyen de galvanomètres puissants portant un bec de plume Ses chronographes étaient de trois sortes : un chronographe à barre tombante, un à cylindre tournant et un à pendule.

Premier système. — A un électro-aimant est suspendu une barre ou tige passée au noir de fumée, sur laquelle frotte une plume fixe. attachée à l'aiguille d'un galvanomètre. A la rupture du premier cadre la tige tombe ; à la rupture du second le galvanomètre dévie et un crochet est tracé par la plume. La distance entre le point origine et le crochet indique la hauteur de chute.

Deuxième système. — Un cylindre noirci tourne rapidement et uniformément ; au moment de la rupture du premier cadre une aiguille de galvanomètre vient rayer le cylindre ; l'aiguille d'un second galvanomètre raie le cylindre lors de la rupture du second cadre. Connaissant la vitesse du cylindre, on déduit le temps par l'espace séparant les deux marques.

Troisième système. — Le chronographe à pendule se compose essentiellement d'un arc de cercle métallique vertical, pouvant tourner autour de son centre lorsqu'il est abandonné à lui-même sans vitesse initiale, et en suivant, par conséquent, la loi des oscillations du pendule. Cet arc de cercle est maintenu suspendu par l'attraction d'un électro-aimant.

Quand le premier courant est rompu le pendule oscille et son limbe se déplace devant des galvanomètres en communication avec les différents circuits échelonnés sur le chemin que doit suivre le projectile. Au fur et à mesure que le courant correspondant se trouve rompu l'aiguille du galvanomètre trace un trait sur le limbe enfumé. On voit qu'il y avait d'excellentes idées dans les appareils Gloesener ; ils n'ont malheureusement pas, croyons-nous, reçu la consécration de la pratique, par suite de la mort de ce savant.

Chronographe Siemens. — Le chronographe à *étincelle* Siemens est composé d'un tambour en acier poli se déplaçant d'un mouvement hélicoïdal au moyen d'un appareil d'horlogerie. Le tambour est réuni à une pile dont l'autre pôle est en communication avec une pointe placée en regard de la surface cylindrique. Au moment de la rupture des courants, une étincelle jaillit entre le cylindre et la pointe et fait sur l'acier une petite marque très déliée et très nette indiquant l'instant de production du phénomène.

Chronographe Schultz. — En 1872, le capitaine Schultz mit en usage, en France, un appareil composé d'un cylindre tournant hélicoïdalement autour son axe et dont la vitesse est connue à chaque instant par l'emploi d'un diapason vibrant dont le mouvement est entretenu électriquement et dont l'extrémité porte une plume qui trace sur le cylindre recouvert de noir de fumée une série de sinusoïdes dont chacune représente un cinq centième de seconde. La plume du diapason et le cylindre sont intercalés dans le circuit induit d'une bobine Ruhmkorff dont le circuit inducteur subit les interruptions de courant que l'on veut enregistrer. Ces interruptions provoquent le jaillissement d'autant d'étincelles, qui laissent sur le noir de fumée des traces visibles dont les positions relevées à la loupe donnent la valeur des temps qui séparent les signaux successifs, puisqu'on connaît exactement la vitesse de rotation du cylindre. Les défauts de cet appareil étaient : mise en marche du diapason peu aisée ; durée du mouvement vibratoire restreinte ; enfin, erreurs dues aux déviations irrégulières de l'étincelle.

M. Marcel Deprez, frappé de ces inconvénients, transforma le chronographe Schultz en modifiant la manière de prolonger les vibrations et en remplaçant l'étincelle d'induction comme organe d'enregistrement par des enregistreurs spéciaux. L'interrupteur du courant destiné à faire vibrer le diapason est formé d'une lame d'acier A fixée sur l'une des branches du diapason B et buttant contre une vis C placée dans le circuit d'une pile D quand le diapason est au repos ; lorsqu'il vibre, au contraire, la lame A se sépare de la vis C alternativement, sa course est limitée par une pièce quelconque E (fig. 15). L'enregistreur (fig. 16) consiste en deux petits électro-aimants portant chacun une plume d'acier traçant au repos une circonférence sur le cylindre. Lorsque le courant qui anime chaque électro-aimant est interrompu, la plume est rappelée sous l'action d'un ressort antagoniste et trace un crochet. On place jusque dix enregistreurs sur une règle horizontale. Il nous semble que M. Deprez a eu tort de revenir aux électro-aimants ; en effet, rien ne prouve que la désaimantation des noyaux se fait dans le même temps pour chacun des enregistreurs, et s'il n'y a pas de disjonction, nous nous demandons comment on peut s'apercevoir des erreurs.

Nous ne parlons que pour mémoire des modifications apportées par M. le colonel Sebert ; ce savant officier a, d'une façon générale, facilité l'emploi des appareils balistiques par des dispositions de détail très heureuses et surtout très pratiques, qu'il a exposées dans un ouvrage spécial.

Chronographe de chute à enregistreurs électriques. — Construit par M. Bianchi, il se compose de deux montants verticaux et porte intérieurement deux baguettes servant de guides à un poids d'environ 10 kilog. suspendu à un crochet. Sur la face antérieure du poids sont montés des enregistreurs basés sur le même principe que ceux décrits ci-dessus. Ces enregistreurs appuient leurs plumes sur la surface de règles nickelées recouvertes de noir de fumée, et y tracent un trait vertical très fin lorsque le poids tombe librement. Les crochets marquent encore ici les moments précis des phénomènes. La hauteur de l'appareil permet une chute de 1m50, correspondant à environ 1/2 seconde.

Nous dirons en quelques mots les applications des chronographes. 1º On peut mesurer le retard d'inflammation d'une étoupille à friction, en faisant produire le premier phénomène, quel qu'il soit, lors de l'envoi d'un courant d'inflammation, et le second en rompant un courant au moyen de la déflagration même ; 2º cette donnée étant connue, on obtient la mesure du retard d'inflammation de la charge d'une bouche à feu, en déterminant le temps qui s'écoule entre le moment où l'on établit le courant de mise à feu et celui où la charge enflammée commence à agir sur le projectile et en retranchant le 1º ; 3º la mesure de la durée du trajet d'un projectile dans l'arme est obtenue en combinant un *interrupteur par inertie* placé dans le projectile, qui rompt le courant lors de la première action des gaz sur le projectile, et un interrupteur placé à la bouche fonctionnant lors de la sortie de l'âme ; 4º la mesure de la durée du recul s'obtient d'une façon analogue ; on en déduit la relation entre le recul et le mouvement du projectile ; 5º on arrive à la durée du trajet d'un projectile dans le parcours de portions successives de l'âme, en plaçant des interrupteurs spéciaux dus à MM. Sebert et Létard en divers points de l'âme. On voit l'avantage que l'on retire des *chronographes à temps multiples* dans la plupart de ces expériences ; mais nous le répétons, l'emploi des électro-aimants est un pas en arrière qui peut conduire à de singuliers résultats. Rappelons que l'on a trouvé dans la même trajectoire des vitesses plus grandes à 100 mètres qu'à 50 ! qu'en France, on a constaté, sans en donner une explication plausible, que le temps *d'accélération* du recul est supérieur à la durée du trajet dans l'âme, ce qui revient à admettre que les gaz agissent encore efficacement sur le projectile après sa sortie de la pièce ! Nous préférons croire à des causes d'erreurs dont un grand nombre résident dans les phénomènes d'aimantation.

Les accéléromètres ont pour but l'étude de la loi du mouvement de pistons soumis à l'action des gaz de la poudre. Dans ces appareils, l'électricité n'intervient qu'indirectement, soit pour les mises de feu, soit pour entretenir les vibrations de diapasons ; encore dans la plupart des cas a-t-on renoncé à ce moyen électrique. Il en est de même des *accélérographes* qui inscrivent ces mouvements, et des *vélocimètres* destinés à étudier les lois du recul. L'Exposition du ministère de la marine française était sous ce rapport particulièrement brillante ; elle renfermait également des projectiles enregistreurs, mais la plupart d'entre eux n'employaient pas l'électricité. Aussi, notre étude n'étant pas un ouvrage de balistique expérimentale, nous renvoyons nos lecteurs aux publications spéciales, surtout à celles du colonel Sebert, dont le nom est inséparable des expériences remarquables faites dans ces dernières années par l'artillerie de la marine française.

Il nous reste à décrire les interrupteurs par inertie et les interrupteurs spéciaux pour la mesure des durées de parcours des diverses portions de l'âme.

L'interrupteur par inertie (fig. 17), logé dans le projectile, se compose d'un tube en laiton *a* vissé à l'avant du projectile. Ce tube, alésé à l'intérieur, est fermé aux deux bouts par des bouchons isolants, dont l'un, *b*, est percé d'un petit trou garni d'un bout de tube métallique *c* faisant une légère saillie à l'extérieur. Un cylindre massif *d* se trouve à l'intérieur du tube *a* duquel il est isolé par deux anneaux en caoutchouc ; il est poussé vers l'avant par un ressort à boudin *r* et maintenu ainsi en contact avec le tube qui garnit le tampon antérieur. Un fil très fin est relié à ce tube, un fil semblable passant par le trou du tampon est relié au cylindre mobile. Ces deux fils sortent par la bouche du canon et servent à intercaler l'appareil dans le circuit électrique.

Lorsque le projectile reçoit le choc des gaz provenant de la combustion de la charge, le cylindre mobile en vertu de son inertie tend à rester en place ; il est donc animé d'un mouvement relatif de sens contraire à celui du projectile, le contact est rompu et l'appareil enregistreur inscrit le signal correspondant à l'instant du départ du projectile.

Les interrupteurs placés dans l'âme (système Sebert et Letard) fig. 18, se composent d'un support en bois A dans lequel est logé un clou B reposant sur une rondelle métallique C. On peut placer cinq ou six appareils dans l'âme en ayant soin de les disposer dans des plans diamétraux différents ; mais il ne faut pas cependant les multiplier, car ceux placés près de la bouche risqueraient d'être brisés non par le projectile, mais par les débris des interrupteurs déjà rencontrés. Les fils sont légèrement tendus et reliés à leur sortie aux divers circuits des enregistreurs.

Un modèle en bois représentant une coupe longitudinale d'un canon de 24 cent. muni des divers appareils balistiques figurait à l'exposition. Le dessin en a été donné par M. Chenut dans les *Annales industrielles*, et accompagnait ses articles sur l'exposition du Ministère de la marine.

TORPILLES

La tactique navale n'a pas, à l'heure qu'il est, de règles certaines ni de principes absolus. La défense flottante des côtes non plus que leur défense fixe n'a subi d'épreuves décisives, aussi l'utilité des engins construits dans ces dernières années est-elle quelquefois contestée.

Ce n'est pas ici le lieu de reprendre ces controverses, mais nous croyons qu'après les brillants résultats que les torpilles donnèrent pendant la guerre navale russo-turque, on ne peut plus en nier l'utilité à condition qu'elles soient bien construites, afin d'éviter les ratés ou les explosions accidentelles, circonstances toujours désastreuses.

L'électricité figure à deux titres dans les appareils de défense sous-marine : 1° comme agent d'inflammation déterminant l'explosion; ou 2° comme agent directeur permettant de gouverner l'engin explosif lancé vers le but à atteindre. Aucun spécimen de ce dernier mode d'emploi ne figurait à l'exposition d'électricité; les torpilles de cette catégorie sont en effet des secrets bien gardés par les gouvernements qui en sont possesseurs; toutefois, il existe quelques renseignements sur la torpille inventée en 1872 par l'américain *Lay* et qui paraît-il appartient au gouvernement égyptien.

La torpille Lay est un bateau sans équipage ayant un corps cylindrique terminé par deux pointes ogivales; son diamètre est d'un mètre, sa longueur de huit mètres; elle flotte immédiatement à la surface.

La force motrice consiste en acide carbonique liquide dont la pression a o degré est de 36 atmosphères, et a + 30° de 73 atmosphères.

Le récipient en fer, contenant une provision de 250 kilogs d'acide carbonique résiste à une pression de 125 atmosphères. La quantité emportée suffit à une course de 4 à 5,000 mètres. L'évaporation violente de l'acide carbonique absorbe une telle quantité de chaleur à la surface que l'acide carbonique restant serait gelé, si un système de tubes entourés d'eau ne servait pas à amener cet acide en lui conservant sa chaleur, et à réduire à une pression de six atmosphères la haute pression exercée directement par l'acide carbonique, à laquelle les organes de la machine ne résisteraient pas. La vitesse obtenue est en moyenne de 7 nœuds à l'heure.

Intérieurement la torpille est divisée en 4 compartiments par des cloisons. Dans le premier se trouve la charge dont le plus léger choc produit l'explosion; dans le second l'acide carbonique emmagasiné dans des récipients séparés; une partie sert à faire mouvoir l'appareil de direction, l'autre l'appareil propulseur. Le troisième compartiment renferme 4,000 mètres de câble enroulé sur une bobine et qui se déroule automatiquement pendant la navigation, à travers une fente percée dans le plancher; le poids que perd la torpille par suite du dévidage du cable et de la consommation d'acide carbonique est compensé par l'eau qui s'introduit dans l'espace que le câble a cessé d'occuper. Le câble renferme deux conducteurs isolés reliés à une pile placée sur le rivage; cette pile qui ne comporte que 4 éléments Bunsen, ne sert qu'à fermer ou interrompre le circuit de deux piles renfermées dans la torpille, au moyen de relais dont nous expliquerons le jeu ci-après. Le quatrième compartiment contient le reste des appareils, savoir : 1° deux piles; 2° deux relais galvanométriques; 3° deux paires d'électro-aimants; 4° un récipient pour servir de régulateur à la pression du gaz; 5° la machine actionnant le propulseur; 6° l'appareil de direction. La manœuvre s'exécute comme suit : Chacune des extrémités du fil de la pile du rivage est réunie à l'un des fils des galvanomètres; l'autre extrémité du fil des galvanomètres est réunie à la torpille et ainsi à l'eau. Sur le rivage, est disposé dans le circuit un commutateur qui permet de faire circuler le courant dans l'un ou l'autre fil, de sorte que suivant le besoin on se sert de l'un ou l'autre galvanomètre. Si donc du rivage on lance un courant au galvanomètre, son aiguille décrit un arc de cercle, vient fermer le circuit d'une pile intérieure et de l'un des électro-aimants. Une pièce (appelée ancre) est attirée et par suite le robinet qui empêchait l'arrivée de l'acide carbonique est ouvert.

L'acide gazeux ayant ainsi accès dans la machine la torpille se met en mouvement;

veut-on l'arrêter ? on renverse le courant du galvanomètre se porte de l'autre côté, et c'est le circuit de l'autre électro-aimant qui est fermé ; le noyau en est aimanté, l'ancre est soulevée et le robinet fermé, ce qui arrête le mouvement de l'hélice servant à la propulsion.

La direction est produite d'une façon entièrement analogue. L'appareil de direction consiste en deux cylindres dont chaque piston est réuni à l'un des côtés de la barre du gouvernail. L'attraction exercée par l'un ou par l'autre des électro-aimants actionne un mécanisme appelé robinet à trois becs qui se met en mouvement et laisse pénétrer l'acide carbonique, tantôt dans un des cylindres, tantôt dans l'autre, ce qui produit la position correspondante latérale de la barre du gouvernail.

Des bandes de caoutchouc d'élasticité égale se dirigent des deux côtés du gouvernail vers les bordages, et ont pour objet de replacer ce gouvernail dans l'axe de la torpille, chaque fois que l'appareil de direction qui l'en a fait sortir aura cessé d'agir.

Cette torpille est, comme on le voit, très compliquée ; son prix est énorme et elle est vue à la surface de l'eau. On ne peut en méconnaître le caractère ingénieux et, personnellement, nous avons pu constater combien le fonctionnement en est régulier.

TORPÉDOS ÉLECTRIQUES

L'électricité, avons nous dit, intervient comme agent d'inflammation dans les torpilles. D'une façon générale c'est par le passage d'un fort courant dans un circuit qui est fermé précisément au moment de l'explosion que la mise à feu se produit ; mais il y a deux manières d'obtenir cette fermeture du circuit, de là deux espèces de torpédos : 1° les torpédos à simple interruption dans lesquels l'interruption a lieu aux abords de la pile (sur le rivage) ; l'inflammation se produit au moment où les extrémités du circuit sont mises en communication avec la pile. Ils prennent le nom d'électro-torpédos ; 2° les torpédos à double interruption ont deux solutions de continuité dans le circuit, et pour que leur inflammation se produise, il faut qu'elles disparaissent simultanément. Si l'une de ces interruptions est près de la pile, et l'autre dans la torpille elle-même, on comprend que l'explosion n'aura lieu que si on a d'abord relié le circuit à la pile, et qu'en outre une cause quelconque, le choc d'un navire, par exemple, mette en contact les deux parties du circuit séparées dans l'appareil. Ces engins portent le nom d'*électro-choque-torpédos*.

L'action du courant électrique est la suivante : on sait que si un courant rencontre dans son trajet une partie moins conductrice que le restant du circuit, il y a en ce point élévation de température. Si c'est la fusée qui forme elle-même la partie plus résistante, c'est là que l'électricité se transforme en chaleur qui produit l'inflammation.

Disons quelques mots de la fusée Abel composée de : 64 parties de sous-sulfure de cuivre, 14 de sous-phosphure de cuivre et 22 de chlorate de potasse. La réaction chimique qui se produit lors du passage du courant est instantanée, la température s'élève considérablement et la charge explosive est enflammée. La fusée comprend deux parties : la tête en bois et le canal de la fusée. La tête en bois est pyriforme et percée de part en part suivant son axe d'un trou cylindrique bouché sur les neuf dixièmes de sa longueur au moyen d'une broche, dans l'intérieur de laquelle se trouvent parallèlement à l'axe deux fils métalliques distants de 1 millimètre et isolés par du caoutchouc. A la partie inférieure de la broche, ces fils légèrement en saillie se recourbent l'un vers l'autre et leurs extrémités sont reliées par une petite quantité de la composition fulminante. Les extrémités du circuit entrent dans la tête et viennent se mettre en communication avec une armature joignant les fils métalliques. Le canal de la fusée est un tube de bois rempli de pulvérin et dont l'une des extrémités s'engage dans le vide laissé dans la tête par la broche de telle sorte que l'amorce se trouve ainsi noyée dans le pulvérin et l'enflamme dès qu'un courant suffisant produit l'ignition du mélange fulminant.

Nous disons un courant suffisant, car afin de vérifier l'intégrité du circuit, on est forcé de faire de temps à autre passer un courant dans le circuit dont fait partie l'amorce, seulement il faut qu'il soit assez faible pour ne point provoquer l'inflammation de cette amorce et cependant sensible, pour le contrôle. A cet effet, on détourne la plus grande partie du courant d'épreuve du passage par l'amorce au moyen de la disposition dite en *pont de Wheastone*, dont la théorie est exposée dans tous les traités de physique.

De même que pour les fusées destinées aux projectiles lancés par les bouches à feu, des quantités de modèles d'appareils de mise à feu existent, et chaque jour voit une invention nouvelle ; mais les principes généraux suffisent toujours pour les comprendre, et bien souvent pour en montrer le côté défectueux.

L'exposition d'électricité n'a fait connaître, en fait de nouveautés, qu'un commutateur noyé permettant la mise à feu, disaient les prospectus, de dix torpilles avec un seul circuit. Mais depuis 1881, il n'en a plus été question ; la disposition en est d'ailleurs restée secrète.

TÉLÉMÈTRES ÉLECTRIQUES

A la question de l'éclatement des torpilles se rattache tout naturellement celle des télémètres de côte, instruments qui permettent de relever exactement la position d'un navire. L'artillerie retire également d'énormes avantages de l'emploi de ces appareils ; aussi l'importance qu'ils ont prise dans ces derniers temps est-elle considérable.

L'emploi de l'électricité dans la construction des télémètres n'est pas récent : dès 1863, un Anglais, M. Gurlt, proposa un télémètre pour le service des côtes. Deux lunettes placées à l'extrémité d'une base étaient constamment dirigées sur le but mobile ; à l'instant où l'on voulait connaître la distance à laquelle il se trouvait, on arrêtait le mouvement des lunettes en lançant un courant qui rendait magnétiques des électro-aimants. On lisait sur le limbe de chaque instrument et on construisait graphiquement le triangle.

L'Italie a essayé le télémètre de *M. Madsen*, officier danois, instrument composé de deux théodolites dont les indications sont transmises par l'électricité. *Le général Parravicino* substitua la méthode graphique aux tables calculées par l'inventeur. En 1875, *M. Le Roy* proposa un télémètre dans lequel l'observateur principal dispose une alidade suivant les indications transmises télégraphiquement du poste auxiliaire. La méthode générale de triangulation a donné le jour à un grand nombre de systèmes analogues, mais c'est M. Gautier, capitaine dans l'artillerie française, qui proposa dès 1865 l'emploi du mécanisme du télégraphe à cadran pour rendre automatique et instantanée la transmission des angles. En 1876, il revint sur ce sujet dans la *Revue d'artillerie*, mais ses idées étaient surannées, car les appareils Siemens et Le Goarant de Tromelin avaient été inventés et leur supériorité sur le projet Gautier est incontestable.

Les deux appareils ci-dessus figuraient à l'Exposition : la description du *télémétrographe Siemens et Halske* nous a été remise directement par les inventeurs ; la description des deux modèles du télémètre *Le Goarant de Tromelin* nous a été communiquée par M. A. Glénard, administrateur du journal universel d'électricité *La Lumière électrique* qui de la part de M. Th. du Moncel, nous a autorisé a nous servir du texte et des dessins parus dans cette publication scientifique. Enfin, M. de Tromelin en reconnaissant les exactitudes de ces articles, a bien voulu y joindre quelques renseignements que nous avons mis à profit. Nous espérons donc que cette partie de notre étude sera d'une utilité réelle aux officiers chargés d'organiser la défense des côtes et des passes. Non-seulement, en effet, les emplacements et les distances des navires sont donnés par les télémètres électriques, mais encore *la vitesse*, élément indispensable pour la défense au moyen des torpilles Whitehead, car, dans ce cas spécial, cette vitesse du navire ennemi doit être connue pour que les routes de la torpille mobile et du navire se croisent au même moment.

Le problème à résoudre est en général celui-ci : étant donné deux observatoires OO', éloignés d'une distance quelconque, 1,200 mètres, par exemple, trouver immédiatement et sans calcul la distance d'un point mobile N (voir fig. 19) à l'observatoire O. Si OO' représente la base de 1,200 mètres et OA la distance qui sépare la lunette L du centre de rotation de l'aiguille A*a*, il est clair que si A*a* est parallèle à O'N, les triangles O*n*A, et ONO' étant semblables, *n*O représente sur la table TT la distance de O à N à la même échelle que OA par rapport à OO'. Supposons que de deux observatoires OO', on vise avec les lunettes L et L' le navire N ; si par un moyen électrique on fait marcher l'aiguille A*a* toujours parallèlement à la lunette L', les deux triangles semblables dont nous parlions tantôt seront toujours construits automatiquement, et le croisement de l'aiguille A*a* avec une longue règle R solidaire de la lunette L et graduée à l'échelle $\frac{OA}{OO'}$ donnera constamment par une simple lecture la distance ON cherchée.

Si la carte de la côte se trouve reproduite à l'échelle adoptée sur la table, et si l'emplacement des torpilles y est marqué, on verra l'instant où le croisement des règles aura lieu au-dessus de l'une d'elles et au moyen d'un manipulateur, on pourra provoquer l'explosion de la torpille correspondante.

Pour arriver au résultat de maintenir constamment le parallélisme de la lunette L' et de l'aiguille A*a*, on peut supposer un secteur denté S solidaire de L', et mû par une vis tangente V au moyen d'une manivelle M.

On règle l'instrument, c'est-à-dire qu'on met une fois pour toutes la lunette L' parallèle à A*a*. Un plateau P solidaire de la vis tangente, muni d'un interrupteur I tournant en même temps que l'axe de la manivelle, pourra produire un nombre de passages de courants tel que l'échappement du récepteur fasse exécuter à l'aiguille A*a* un mouvement angulaire égal à celui de L. Tel est le principe appliqué, mais d'une façon absolument différente, par MM. Siemens et Halske, et Le Goarant de Tromelin.

Télémétrographe Siemens. — Cet appareil se compose d'un transmetteur à bobine d'induction et d'un récepteur. La manivelle, en donnant le mouvement de rotation à l'axe de la lunette, met en action, par un système d'engrenages, un inducteur composé (fig. 20) d'une bobine Siemens B tournant entre les pôles d'un aimant C. Des courants d'induction se produisent par la rotation de la bobine, et on sait que ces courants changent de direction à chaque demi-tour. Les courants produits sont conduits dans l'un ou l'autre *des deux circuits* reliant les appareils, suivant le sens du mouvement de rotation de la manivelle. Pour cela (fig. 21), l'une des extrémités *e* de l'hélice induite est mise en communication avec le corps en double T de la bobine, de là avec le corps de l'appareil et la terre. L'autre extrémité est reliée à l'axe, sur lequel est montée à frottement la pièce de contact C, pressée par le ressort F. L'extrémité de la pièce C vient s'appuyer sur l'un ou l'autre des blocs N¹ et N², auxquels aboutissent les circuits 1 et 2, suivant que l'axe, donc la manivelle, tourne de gauche à droite ou de droite à gauche. Les courants sont ainsi conduits par l'un ou l'autre circuit à l'indicateur où ils mettent un appareil électro-magnétique en action, se composant essentiellement de deux électro-aimants E et E' (fig. 22) entre les pôles desquels sont mobiles des languettes K, K' d'acier aiman-tées, donc polarisées. Admettons que le courant passe par l'électro E, à chaque demi-révolution de la bobine il change de direction, et à chaque changement, la languette K vient se coller au pôle qui la repoussait durant la demi-révolution précédente et ainsi de suite. Il en est de même de la languette K' lorsque c'est par l'électro-aimant E' que passe le courant. Les languettes K et K' commandent cha-cune un échappement. La figure 23 représente l'échappement fixé à la languette K. On voit qu'à chaque va et vient de la languette K, la roue à rochet S se meut d'une dent ; il en est de même de la roue à rochet S' commandée par K', mais le mouve-ment est en sens inverse.

Ce sont ces deux mouvements de sens différent qui sont transmis à l'axe R (fig. 24) d'une vis sans fin engrenant avec une roue dentée T, à l'axe de laquelle est fixée l'aiguille indicatrice. Cette transmission se fait à l'aide d'un système de roues dites *planétaires* (fig. 24) : sur l'axe R de la vis est fixée une roue dentée U engrenant avec la roue X montée sur l'axe P.

Dans cette roue X on a fait deux logements permettant d'y adapter deux roues coniques O, O' dont les axes tournent dans des paliers Y formant corps avec X.

Les roues à rochet S, S' sont fixées à deux autres roues coniques Z, Z' folles sur l'axe P, et engrenant avec O, O'. Supposons la languette K animée d'un mouvement alternatif, la roue S à rochet tourne d'une dent et entraîne Z' qui fait tourner les roues O et O'. Celles-ci tout en roulant sur la roue Z *qui reste fixe*, entraînent la roue X et par suite la roue U et produisent une rotation de l'arbre à vis R. Les mouve-ments sont inverses si c'est l'électro-aimant E' qui agit sur la languette K'. Tout se fait donc automatiquement, et les relations de nombre de courants, de nombre de dents sont choisies de telle sorte qu'un mouvement angulaire de la lunette soit exactement reproduit par la règle correspondante.

On peut employer deux transmissions agissant sur deux règles ; le système est identique ; enfin on a construit le système de table de manière à permettre le changement d'échelle.

Les règles sont formées chacune de deux fils d'aluminium tendus l'un sur l'autre.

Pour le fonctionnement assuré du télémètre, il est indispensable, disent les inven-teurs d'établir une excellente ligne sans grande résistance, et un courant de retour de valeur égale.

Le télémétrographe Siemens est employé en Allemagne, Russie, etc., il a été essayé à Brest (France) où les commissions y ont trouvé des défauts sérieux par suite desquels il n'a pas été installé définitivement.

Les rapports qui nous ont été communiqués constatent ce qui suit :

1° L'appareil étant magnéto-électrique, il en résulte que suivant la vitesse de rotation de la manivelle du manipulateur (Inducteur), la bobine tourne plus ou moins vite et que l'intensité du courant qui dépend de la vitesse de rotation varie avec cette vitesse. Il arrive donc dans les cas où l'on tourne très lentement que le courant produit est trop faible pour actionner les cliquets du récepteur. Dans les cas où l'on tourne trop vite, le nombre de courants inversés émis est trop considérable pour assurer le jeu régulier des cliquets à cause de l'inertie de l'aiguille ;

2° L'appareil n'est pas assez énergique pour que l'aiguille, ou les aiguilles, puissent fonctionner *lorsque le vent est contraire à son mouvement*, la force motrice transmise étant insuffisante pour faire avancer l'aiguille ; le parallélisme est ainsi rompu et des erreurs graves se produisent.

Le principe Siemens a été mis à contribution par M. Pietrouchefsky, officier russe, et par M. Watkin, officier anglais ; mais leurs appareils étaient inférieurs à ceux de l'inventeur primitif, aussi sont-ils restés absolument inconnus.

Télémètres électriques Le Goarant de Tromelin. — Les inconvénients signalés à propos du télémétrographe Siemens engagèrent M. de Tromelin, lieutenant de vaisseau de la marine militaire française, à ne faire intervenir l'électricité que pour provoquer le déclenchement d'une roue d'échappement et à recourir à un mouvement d'horlogerie pour donner le mouvement à l'aiguille indicatrice. De cette façon la force motrice pouvait être assez grande, mais il restait une question très délicate à résoudre : c'était le mouvement de l'aiguille aA dans les deux sens ; car il fallait que l'observateur après avoir suivi un premier navire, put en observer un autre en faisant revenir l'aiguille en arrière. L'inventeur est arrivé à des solutions très pratiques de ce problème difficile.

Description du télémètre N° 1. — Le manipulateur est construit comme l'indique la fig. 19 ; la fig. 25 donne les détails du plateau P. On voit qu'il porte huit cames, qui en soulevant le galet g, pendant la rotation de l'arbre b, ferment ou interrompent le circuit. Le ressort r est assez fort pour que le galet g reste dans un creux, lorsqu'on lâche la poignée de la manivelle. Un inverseur I monté à frottement sur l'arbre b permet d'envoyer à l'électro E^1 du récepteur (fig. 26) un courant positif ou négatif suivant qu'il est en contact avec B ou B^1, car ces bornes sont en communication : B avec le pôle positif d'une pile C, B^1 avec le pôle négatif d'une autre pile D. La fig. 26 est le schéma du récepteur ; les pièces principales y sont représentées, mais les rouages ne sont pas terminés, ni la transmission non plus, car ils sont inutiles pour comprendre le fonctionnement de l'appareil. Supposons qu'on tourne la manivelle à droite : on distribue le courant de la pile C, courant positif, à l'électro-aimant E^1 ; on envoie en même temps des courants successifs à l'électro-aimant E^2, par la ligne L^2, parcourue par le courant de la pile F, chaque fois que le galet g est sur une came. L'électro E^2 actionne une armature A^2 qui commande un échappement semblable à celui du télégraphe Bréguet. Le mouvement d'horlogerie est indiqué en M et la roue S^2, qui en sort, peut donc faire tourner la pièce I, reliée par un joint brisé en S^2 avec la roue d'angle N. Cette roue d'angle N embrayée avec la roue d'angle H fait tourner l'axe HV, qui lui-même fait tourner l'aiguille Aa. Si l'on veut changer le sens de la marche de l'aiguille, *on lâche, pour la reprendre immédiatement*, la manivelle du manipulateur, et on opère le mouvement en sens inverse comme ci-dessus. Que se passe-t-il ? Le galet g est resté au fond des creux de la roue sinueuse ; quand on reprend le mouvement, l'inverseur I a le temps de venir appuyer contre la borne B^1 avant que le circuit ne soit fermé en L^2 ; le courant négatif de la pile D est donc arrivé dans les spires de E^1 avant que celui de la pile F ne soit arrivé dans celles de l'électro E^2 ; le mouvement de l'armature A^1 de E^1 pourra donc être produit quand celui de A^2 se produira. Nous avons vu qu'avec le changement de sens de la manivelle, le courant passant dans E^1 change de signe, ses pôles changent conséquemment de nom.

Or, l'armature A^1 est polarisée par un aimant et peut osciller en son milieu ; elle occupera donc deux positions, correspondantes à celles de l'inverseur I. L'armature A^1 commande, par une transmission représentée par une ligne ponctuée, la roue d'angle N. On voit donc qu'elle embrayera avec H ou avec K suivant le sens de la manivelle M, déterminant ainsi la rotation de l'aiguille dans les deux sens. Les mouvements successifs sont de $1'52''{,}5$ d'angle ; les piles sont de six éléments Leclanché chacune. Cet appareil, expérimenté à Lorient par une commission officielle, a donné de bons résultats, et le rapport a été excessivement favorable à son admission. Aussi a-t-il été adopté par le Ministère de la Marine française et il figurait à son exposition sous le N° 282. Néanmoins, M. de Tromelin a perfectionné ce système, et l'exposition de M. Dumoulin-Froment, l'habile ingénieur-constructeur du Ministère, renfermait un spécimen du dernier type du télémètre de Tromelin, adopté en Norvége, Russie, etc. Le perfectionnement apporté par l'inventeur réside dans la suppression du tour de main qui, nous l'avons vu, consistait à lâcher la manivelle du manipulateur pour la reprendre immédiatement, lorsqu'on voulait changer le sens du mouvement de la lunette L^t (fig. 19), donc de l'aiguille. C'était, on se le rappelle, afin que le changement d'embrayage au récepteur se fît au moment où le galet g de la roue sinueuse du manipulateur se trouvait dans un creux ; l'embrayage ne se faisait donc pas durant le trajet de la roue N (fig. 21). Aucune commission ne s'est plainte, mais théoriquement on pouvait oublier cette précaution ; en conservant le principe de l'appareil, mais en changeant certaines dispositions, M. de Tromelin l'a rendue inutile dans le dernier type : N° 3.

Récepteur (fig. 28). — L'embrayage se fait exactement de la même façon que dans le télémètre du type précédent, c'est-à-dire par une armature A_1, polarisée par l'aimant permanent $S_1 N_1$ qui fonctionne, soit par le courant positif, soit par le courant négatif. Un second aimant permanent $S_2 N_2$ a été ajouté, afin de polariser également l'armature A_2 de l'électro E_2, qui commande la roue d'échappement e. Les positions de l'armature sont dès lors déterminées par le sens du courant qui traverse l'électro E_2. La fourche d'échappement est reliée à l'armature A_2 par les bras articulés $A_2 a, ai, bf$.

Manipulateur (fig. 29). — Il a été modifié pour pouvoir envoyer des courants renversés dans l'électro-aimant E_2. L'inverseur I_1 qui commande l'électro-aimant E_1 est semblable à celui décrit plus haut. Le galet g en ivoire oscille autour du point fixe O, de telle sorte que, à chaque oscillation, la lame flexible I_2 vient rencontrer le contact $+C_2$, puis le contact $--Z^2$, envoyant ainsi par la ligne L_2, à l'électro E_2, des courants alternatifs renversés. Un ressort non figuré tend à faire reposer le galet sur la roue sinueuse. La distance entre les bornes-contacts $C_2 Z_2$ est 4 ou 5 fois plus grande que celle $C_1 Z_1$; il en résulte que si l'on fait de très petits mouvements d'oscillation avec la poignée du manipulateur, l'embrayage change à chaque petit mouvement, mais l'armature A_2 reste immobile lorsque la lame I_2 n'accomplit pas une oscillation complète, puisque le sens du mouvement reste le même, tant que le galet ne tombe pas dans la sinuosité voisine. Il ne peut donc y avoir de temps perdu dans les positions relatives des divers mobiles. Ce système a en outre l'avantage de supprimer le ressort antagoniste d'échappement et par suite le réglage. La disposition des piles et des lignes est figurée sur la planche ; elle est on ne peut plus simple.

Les télémètres Le Goarant de Tromelin ont donné des résultats très précis, lors des expériences faites à Boyardville en 1881. Les mesures télémétriques ont été contrôlées par les observations simultanées de deux théodolites. La base sur le terrain était de 1,512 mètres; vu les dimensions de l'instrument, le croisement des règles n'avait lieu que pour des distances maxima de 4,000 mètres. Le rapport officiel constate que *dans les premières séries d'expériences*, un tiers des distances fut entaché d'erreurs comprises entre 6 et 12 mètres pour des distances variant entre 607 m. et 3,277 mètres. Les deux autres tiers des distances furent obtenus à moins de 5 mètres près. Pendant les dernières séries, les erreurs furent de 2 mètres au maximum pour des distances variant entre 851 m. et 3,123 mètres La commission conclut qu'elle est convaincue que placé dans de bonnes conditions, avec une base convenablement choisie, ce télémètre pourra donner les distances avec une approximation suffisante jusque 8,000 mètres. Nous n'ajouterons rien à ces conclusions; elles montrent que si la question des télémètres électriques n'a pas dit son dernier mot, elle est très avancée, et déjà entrée dans la pratique. On ne saurait trop applaudir aux efforts qui sont tentés pour augmenter la précision de ces instruments *indispensables dans la défense des côtes* par l'artillerie aussi bien que par les torpilles.

MARÉOSCOPES ÉLECTRIQUES

On sait que le tir de l'artillerie de côte se fait suivant deux méthodes distinctes : la première est le tir en chasse dans laquelle on pointe directement sur le navire lorsqu'on va exécuter le feu ; la seconde est celle dans laquelle on attend pour tirer que le navire soit arrivé dans une position déterminée, ce qui permet de pointer *d'avance* sur des repères, en employant une hausse dont la hauteur varie : 1° avec la distance du point où *se trouvera* le navire; 2° avec la différence des niveaux de la pièce et du navire (angle de site). L'importance de ce dernier facteur est très grande lorsque, comme dans certains fleuves, la marée atteint 5 ou 6 mètres : aussi l'artillerie s'est-elle toujours efforcée de posséder des appareils indiquant à un instant quelconque la hauteur de la marée. Anciennement on employait les systèmes basés sur les vases communiquants, la compression de l'air contenu dans un tube-cloche plongé dans l'eau, etc.

Ces moyens surannés ont été abandonnés par les puissances militaires, et depuis plus de vingt ans il existe des maréomètres électriques dûs à M. du Moncel et à MM. Siemens et Halske.

Depuis quelque temps, les commissions exigent que les indications de l'appareil puissent être transmises automatiquement à toutes les batteries d'un fort, afin de n'établir qu'un seul dispositif sur la rive, et MM. Siemens et Cie avaient dans leur exposition un maréoscope répondant parfaitement à la question.

Maréoscope Siemens. — (Fig. 29.) Il se compose d'un flotteur A actionnant un transmetteur, relié par une ligne L composée d'un seul fil à un récepteur dont l'élévation et le profil sont indiqués sur la figure. Le flotteur fait tourner une roue à cames C agissant sur un levier de contact qui joue entre deux ressorts en relation avec une pile B. Une pièce de contact D à laquelle aboutit la ligne, est placée également entre les deux ressorts. Pendant un tour de la roue, le levier prend trois positions successives : à la première correspond l'envoi dans la ligne d'un courant positif, la seconde produit un envoi de courant négatif, la troisième occasionne une rupture de courant ; chacune de ces phases dure un tiers de la révolution de la poulie. La figure montre comment se produisent ces alternatives ; elle fait voir en outre que si la poulie tourne en sens inverse, ces phases se succèdent dans l'ordre inverse de celui que nous venons de citer.

Le récepteur se compose d'un électro-aimant à deux bobines E devant lequel se trouve placé, un peu au-dessous de ses pôles, un aimant permanent N S dont l'un des pôles est à angle droit avec le reste du barreau. Cet aimant peut tourner autour de son axe et par son propre poids son extrémité N tend toujours à retomber dans la verticale. Supposons d'abord que le transmetteur envoie un courant positif dans E et que ce courant produise, par exemple, un pôle nord à droite et un pôle sud à gauche : en vertu des attractions et des répulsions de ces pôles, N tourne d'un tiers de circonférence et vient se placer à peu près en face du pôle gauche de E. Quand le courant change de sens, il continue à tourner dans le même sens et vient en face du pôle de droite ; enfin, quand le courant est rompu, N retombe dans la verticale.

L'aimant N S tourne donc autour de son axe dans le même sens, tant que le mouvement du niveau d'eau se fait dans la même direction. Quand ce mouvement est en sens inverse, l'aimant tourne en sens contraire ; un petit pignon communique ces mouvements à une grande roue portant une aiguille, qui marque sur un cadran toutes les variations du niveau de l'eau.

L'appareil Siemens est le plus simple qui ait jamais été construit, mais on a remarqué, d'une façon générale, que l'oxydation des contacts est excessivement rapide et active sur les bords de la mer ; aussi il est à craindre que les envois de courants ne soient pas aussi réguliers qu'il serait nécessaire. C'est l'objection la plus sérieuse, disons la seule, que l'on ait adressée à l'emploi de l'électricité.

Maréoscope Flamache. — Lorsque la distance n'excède pas quelques centaines de mètres, il importe peu que la ligne soit un câble d'un ou de plusieurs fils, et afin de rencontrer de suite les observations qui ne manqueraient pas sans cela de se produire, nous dirons qu'à Anvers la Compagnie des Téléphones emploie un câble isolé renfermant *vingt-cinq* fils distincts, dont le prix est de 3 francs 50 centimes le mètre ; ce câble aérien traverse une place publique de plus de deux cents mètres de longueur sans appui intermédiaire. Ceci établi, notre maréoscope se compose (fig. 30) d'un tube de 16 à 18 centimètres de *diamètre*, plongé verticalement dans l'eau soumise à la marée, *de manière que sa partie supérieure soit au-dessus du niveau le plus élevé*. Ce tube est fermé, mais pas hermétiquement, à son orifice supérieur par une plaque en matière isolante à laquelle sont fixées des tiges de cuivre, *dorées*, en nombre égal à celui des divers niveaux que l'on désire transmettre. Ces tiges sont isolées l'une de l'autre ; elles ont des longueurs correspondant au niveau que chacune d'elles doit indiquer. Des bornes communiquent respectivement avec chaque tige, et de ces bornes part un fil qui émerge du câble de ligne.

Le récepteur est représenté fig. 31 ; c'est un tableau sur lequel est dessiné le profil en travers de la rive ; un montant de bois masque des boussoles indicatrices, semblables aux boussoles des bureaux, des hôtels, etc., placées de manière que l'aiguille *apparaisse* horizontalement lorsqu'un courant la fait dévier de sa position normale. Les fils du câble sortent de celui-ci à proximité du récepteur ; le fil correspondant à la tige servant à indiquer le niveau le plus bas, influence la boussole inférieure et ainsi de suite. Du récepteur les fils se rendent à l'un des pôles d'une pile unique, dont l'autre pôle est en contact avec la terre. Voyons comment fonctionne le système : Aussi longtemps qu'aucune tige n'est atteinte par l'eau, il n'y a aucun courant qui passe puisqu'aucun circuit n'est fermé. Si l'eau monte, le circuit dont fait partie la première tige (la plus longue) se ferme, le courant passe exclusivement par le fil du câble correspondant, la première boussole est influencée. L'eau continuant à monter, le deuxième circuit est fermé, la deuxième aiguille se place horizontalement simultanément avec la première, et ainsi de suite. C'est donc l'aiguille supérieure *visible* qui indique le niveau de l'eau. A la descente, les circuits sont rompus successivement.

Nous ne nous étendrons pas plus longtemps sur ce maréoscope, vu sa simplicité. Nos lecteurs auront déjà compris qu'il est très difficile qu'une communication accidentelle entre deux tiges survienne, et qu'il est possible au moyen de simples dérivations de transmettre les hauteurs de la marée, en plusieurs endroits. Il est même facile de ne transmettre à des batteries moins importantes que des niveaux assez différents, en greffant les circuits dérivés tous les deux, trois ou quatre circuits principaux. Il ne peut évidemment entrer dans l'esprit de personne de comparer les systèmes pneumatiques aux systèmes électriques. La question est vidée depuis longtemps ; M. du Moncel y est revenu à propos de l'unification de l'heure dans les grandes villes, et a montré tous les avantages des communications par voie électrique (page 123, tome II de la *Lumière électrique*).

LOCH ÉLECTRIQUE DE TROMELIN

Nous n'eussions pas décrit cet appareil dans notre ouvrage s'il n'était destiné à amener une véritable révolution dans la question des lochs électriques qui a déjà préoccupé un si grand nombre d'inventeurs. Les lochs proposés jusqu'ici étaient à *ferme-circuit étanches*, ce qui pour diverses causes amenait rapidement la mise hors service de l'appareil. En 1874 M. Le Goarant de Tromelin eut l'idée de faire fonctionner un interrupteur plongé dans de l'eau acidulée au $\frac{1}{10}$ et actionnant un compteur électrique. A la suite de ces expériences, il reconnut la possibilité de se passer du *mécanisme étanche* et inventa son appareil universellement adopté aujourd'hui.

Loch de Tromelin exposé par le Ministère de la Marine. — Un compteur électrique muni de sa pile se trouve à bord. Une hélice en cuivre H (fig 32) dont l'arbre tourne dans un cylindre de gaïac *be*, fermé mais non étanche, fait l'office d'interrupteur. Un fil F, conducteur isolé à la gutta percha permet la communication électrique entre le compteur et l'interrupteur Sa de l'hélice. Cet interrupteur se compose d'un cylindre d'ébonite C fixé sur l'arbre de l'hélice. Un secteur en cuivre S relié à l'arbre établit le circuit métallique, chaque fois qu'il vient en tournant frotter contre la lame flexible *a* qui communique avec le câble F. L'hélice faisant office de plaque de terre, le courant de la pile passe par le compteur et va aboutir à la carène qui fait aussi office de plaque de terre. Le compteur du type ordinaire fonctionne dès lors, et il est facile d'en déduire par une simple lecture, la vitesse du navire, si l'on a dressé à l'avance et par comparaison un tableau des vitesses se rapportant au nombre de tours de l'hélice du loch. M. de Tromelin a utilisé cet ingénieux appareil pour déterminer directement les diamètres de giration des navires, même avec du vent et du courant, mais il nous est impossible d'exposer sa méthode, très simple du reste, l'espace nous fait défaut.

Nous terminerons ici notre étude sur les applications de l'électricité à l'art de la guerre ; en se rappelant que nous n'avons cherché qu'à tracer une route dans le dédale des connaissances relatives à la science nouvelle, nos lecteurs nous pardonneront sans doute les lacunes qu'ils n'auront pas manqué de trouver dans le cours de notre travail.

FIN

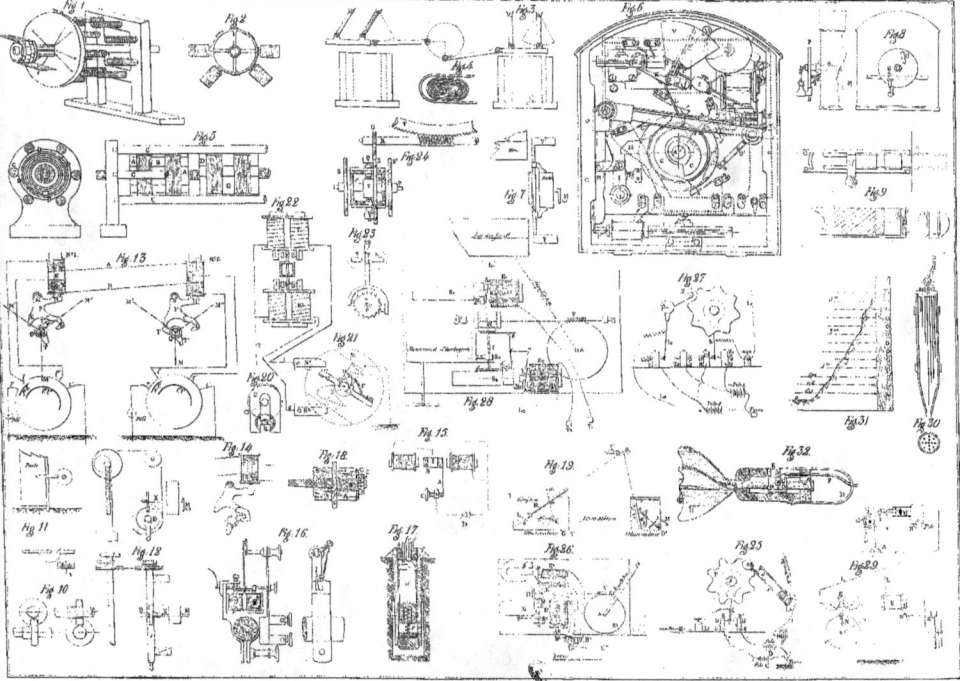

Fig. 1 · Fig. 2 · Fig. 3 · Fig. 6 · Fig. 8 · Fig. 5 · Fig. 4 · Fig. 7 · Fig. 9 · Fig. 13 · Fig. 22 · Fig. 23 · Fig. 21 · Fig. 20 · Fig. 24 · Fig. 27 · Fig. 31 · Fig. 30 · Fig. 14 · Fig. 12 · Fig. 15 · Fig. 19 · Fig. 28 · Fig. 32 · Fig. 11 · Fig. 18 · Fig. 16 · Fig. 17 · Fig. 36 · Fig. 25 · Fig. 29 · Fig. 10

www.ingramcontent.com/pod-product-compliance
Lightning Source LLC
Chambersburg PA
CBHW060747280326
41934CB00010B/2385